Antonio Mira de Amescua

Lo que puede el oír misa

Edición de Vern Williamsen

Barcelona **2024**
Linkgua-ediciones.com

Créditos

Título original: Lo que puede el oír misa.

© 2024, Red ediciones S.L.

e-mail: info@linkgua.com

Diseño de cubierta: Michel Mallard.

ISBN tapa dura: 978-84-9953-541-8.
ISBN rústica: 978-84-9816-106-9.
ISBN ebook: 978-84-9897-583-3.

Sumario

Brevísima presentación

La vida

Antonio Mira de Amescua (Guadix, Granada, c. 1574-1644). España. De familia noble, estudió teología en Guadix y Granada, mezclando su sacerdocio con su dedicación a la literatura. Estuvo en Nápoles al servicio del conde de Lemos y luego vivió en Madrid, donde participó en justas poéticas y fiestas cortesanas.

Personajes

Conde Fernán González, viejo
Garci Fernández, infante, su hijo
Violante, infanta, su hija
Blanca, dama
Fortún, su hermano
Sancho Osorio
Mirabel, gracioso
Mendo
Un Ángel
Argentina, francesa
Su Padre
Un Alcalde
Ricardo
Manuel
Acompañamiento

Jornada primera

(Suenan cajas y salen el Conde, Infante, Fortún y Mendo.)

Conde   No toquen a marchar. Las cajas callen
porque en esta ribera
pretendo que me hallen
las luces que vagando en esta esfera
alumbran otro polo.
Aquí me han de mirar, o muerto o solo.
En Burgos no he de entrar, ni mi palacio
en sus umbrales vea
que me vuelvo de espacio
sin vencer a los moros; aquí sea
mi habitación agora
del expirar el Sol hasta la aurora.
En las tiendas de campo viviremos.
No digan en Castilla
que los altos extremos
del blasón que a los orbes maravilla
faltarán por ser viejo
Fernán González. Hoy fuerza y consejo
administran mi pecho, y el Infante
Garci Fernández puede,
como mi hijo, ser cristiano Atlante
que mi valor herede.

Infante   Señor y padre mío,
bien haces; la ribera de este río,
como Burgos reciba
tus ejércitos hoy; tu gente viva
en el campo entre tanto
que venzas a los moros con espanto.
No digan que volvemos sin victoria;

esperemos que vuelva
Sancho Osorio. Si ha ido
con ambición de gloria
para espiar del moro en esta selva
a vista de los astros luminosos,
tu campo en escuadrones dividido,
hasta volver deshechos o gloriosos,
alegre vivirá.

Fortún   A verte ha venido
la Infanta, mi señora.

Infante   De la luz de mi Sol será aurora.

(Salen Violante y Blanca, con espadas, sombreros y plumas.)

Violante   Señor, si vuestra alteza
dos soldados admite,
ejercitados mal en la milicia,
ya los tiene a sus pies.

Conde   Di, la belleza
que con el Sol compite,
¿cuándo más rosicleres desperdicia?
Violante, hija, dame
esos lazos de amor, y no me llama
tu lengua padre amado,
pues vengo sin vencer y retirado.
En Burgos no entraré sin dar victoria
a la insigne memoria
de los famosos condes de Castilla.
¡Oh, Blanca, dame tus brazos!

Infante (Aparte.)   (¡Oh, quién se viera en los hermosos lazos

10

de Blanca! ¡Qué envidioso
de mi padre me siento!
Amor, dice riguroso,
no fleches el arpón, templa el tormento.)
A Sancho Osorio espero,
que fue, como valiente caballero,
a ser perdida espía
reconociendo el campo y los intentos
del moro.

Violante   A tiranía
tal acción corresponde.
No eres mi padre, castellano Conde,
pues pones a peligro el alma mía.
Tráigalo amor con bien.

Conde   Violante, vamos
a mi tienda, y en tanto que esperamos
a Sancho Osorio, en ella
gozaré de tu vista alegre y bella.

Infante   Sí, hagan las cajas salva,
pues llegan al real el Sol y el alba.

(Tócanse las cajas y vanse, quedándose Fortún y Blanca.)

Fortún   Oye, doña Blanca.

Blanca   Hermano,
¿cómo estás? ¿Cómo has venido?

Fortún   Del conde favorecido,
como siempre; al soberano
resplandor de tu hermosura

lo debo, que si el infante
es tu galán, es tu amante,
de ti nace mi ventura.
    Blanca, pues nuestra nobleza
ni brilla ni resplandece,
y el conde me favorece
en virtud de mi riqueza
    y de tu beldad, gocemos
la ocasión, que de estos modos
suelen subir casi todos
los que en gran linaje vemos.
    Haz de suerte que el infante
se venga a casar contigo,
y haz de suerte que conmigo
se quiera casar Violante.
    Eres su dama y te quiere,
como a mí su hermano. Blanca,
mientras la fortuna franca
con nosotros anduviere,
    no desmayemos.

Blanca
               Hermano,
yo sospecho que Violante
tiene cuidados de amante.
Conquistarla será en vano.

Fortún
    ¿A quién presumes que estima?

Blanca
    A Sancho Osorio sospecho
que da lugar en su pecho.

Fortún
    Eso no me desanima.
    Yo desharé sus hazañas
con industria, de manera

que Violante no lo quiera.

Blanca   Si ella tiene amor, te engañas;
                no lo podrás conseguir.

Fortún   Todo el ingenio lo alcanza;
                a manos de mi privanza
                le pretendo perseguir.

(Salen el Conde, el Infante y Violante por una puerta, y Sancho Osorio por otra, vestido de moro.)

Conde   Si Sancho Osorio ha venido
                        saldremos de este cuidado.

Infante   Es animoso soldado.

Violante (Aparte.)   (Mis cuidados le han traído.)

Sancho   Déme la mano tu alteza.

Conde   Ya con los brazos te aguardo.

Sancho   Honores, que me acobardo
                            solo en mirar su grandeza.

Conde   ¿Pudiste reconocer
                            lo que el moro intenta?

Sancho   Fui,
                            supe, miré y entendí.

Conde   Relación puedes hacer.

Sancho   A penetrar el reino de Toledo,
donde el dosel pendió de tus pasados,
de Castilla partí con el denuedo
que me daban tus bélicos cuidados.
Ni conocí lo pálido del miedo,
ni respeté la fuerza de los hados,
que con valor en el morisco traje
el ánimo entregaba a tu homenaje.
Por moro me tuvieron y, corrido
de parecerlo tanto, discurría,
disimulando el alma en el vestido,
como en la nube el rosicler del día.
Escuadrones hallé que ya han venido
de la fértil y antigua Andalucía,
como abismo fatal que África aborta,
para probar si tu cuchilla corta.
Con invasión intentan los paganos,
hollando riza nieve en Guadarrama,
oscurecer blasones castellanos.
Al vuelo infatigable de la fama
ejércitos convocan tan ufanos,
que el que Jerjes juntó corto se llama,
y parece que ya el África ciega
con diluvios de moros nos anega.
Para socorro de la gran Marruecos,
publican que se juntan las legiones,
que pudieran dejar, bebiendo, secos
los piélagos del mar en sus regiones.
Por desmentir así, queden los ecos
en los oídos hoy de tus leones,
como el rayo que ya, de furor lleno
hizo su efecto cuando se oye el trueno.
Todo es armas, rigor, bélico trato,
en Córdoba, en Toledo, y en Sevilla,

14

que pretenden sus huestes dar rebato
en los valientes hombres de Castilla.
Caiga la estatua, pues, de este aparato
al heroico esplendor de tu cuchilla.
Saquemos de los términos del moro
en las ondas del Tajo arena de oro.
    Reparaba un alcaide en mi semblante
y tuvo pretensión de que era espía;
osando examinar, como arrogante,
esta sospecha que de mí tenía,
pretendió presentarme a Taludante,
el bárbaro señor de Andalucía,
mas yo, como milito en tus banderas,
asombré con valor las once esferas.
    Vive Dios, que el alcaide con la gente
que intentó mi prisión, aunque animosa,
al acero que ves resplandeciente
fue débil y cobarde mariposa.
¿No viste alguna vez turbia corriente
que peñascos arranca generosa?
Perdone mi modestia, de este modo
lo aniquilaba mi violencia todo.
    Redimí con su muerte mi persona,
y vagando después de clima en clima,
al estruendo de Marte y de Belona,
que a los árabes bárbaros anima,
los límites pisé de tu corona.
¡Ea! Conde y señor, lamente y gima
esa África infiel que al cielo injuria,
oprimida del peso de su furia.

Conde   En campaña he de esperar
toda esa gente pagana,
y, con ser Pascua mañana,

en Burgos no pienso entrar.

Fortún   No serán tantos, señor,
los moros, ni sus rigores;
que hacen las cosas mayores
los antojos del temor,
    y si Sancho no encarece
el número al paganismo,
alabándose a sí mismo
sus hazañas oscurece.

Sancho   Yo dije que por soldado
del conde tuve valor,
y así no fue propio amor
el haberme yo alabado.
    En lo que toca a que el miedo
pudo en mí poner antojos,
engañándome los ojos,
no es así.

Fortún (Aparte.)   (Agraviado quedo.)
    A tantos moros, don Sancho,
fuerza fue tener temor,
y así es así.

Sancho   Mi valor
tiene el ánimo más ancho,
    que, siendo noble, los bríos,
como ilustre sangre hereden,
recibir temor no pueden
de moros ni de judíos.

Fortún (Aparte.)   (Entre malicias me ha puesto.)
No me toca a mí ese nombre,

                              y quien dijere...

Conde   Tente, hombre,
                   no te arrojes.

Infante   ¿Qué es aquesto?
                   ¿No respetáis la presencia
                   de mi padre?

Conde   Bueno está.

Sancho   Ninguno a su alteza da
                   más humilde reverencia.

Blanca   Don Sancho, de esta aventura
                   muy arrogante venís.

Sancho   Será, pues vos lo decís,
                   con donaire y hermosura.

(Vanse todos, y quedan Violante y Sancho.)

Violante (Aparte.)   (Albricias quisiera dar,
                   ¡oh, Sancho!, de tu llegada,
                   pero el alma enamorada
                   no se atreve a declarar.
                   La lengua pude enfrenar,
                   no los ojos, que lo miran
                   y tan tarde se retiran
                   que publican mis pasiones.)

Sancho (Aparte.)   (¡Qué rigurosos arpones
                   tu beldad y amor me tiran!
                        Amo a Violante callando;

17

                              ya un mismo pensamiento
                              en tan grave atrevimiento
                              de sí mismo está temblando.)

Violante (Aparte.)   (Sin mostrar que muero amando
                              le pienso dar un favor.)
                              Don Sancho, vuestro valor
                              se muestra más cada día.

(Deja caer una banda.)

Sancho (Aparte.)   (Dulce amor, dame osadía;
                              muéveme la lengua, Amor.)
                                  Señora, quien ha aprendido
                              del conde, que rayo fue
                              en defensa de la fe,
                              tal favor ha merecido.
                              Esta banda se ha caído.

Violante   ¿En el reino de Toledo,
                              cómo os fue?

Sancho   No tuve miedo
                              como dice Fortún.

Violante   Pudo
                              no sentirlo así y lo dudo.

Sancho   Ésta se os cayó.

Violante   Yo quedo
                              con cargo de que agradezca
                              vuestros servicios el conde.

Sancho	Siempre a quien es corresponde.
Violante	Bien es que en voz resplandezca que el premio y honor merezca.
Sancho (Aparte.)	Ésta es vuestra, mi señora. (Divertida está.)
Violante	Si agora viniese el moro, yo creo que fuera nuestro trofeo.
Sancho	Lo vencieras —¿Quién lo ignora?— si en el ejército estás.
Violante	¿Así visteis...?
Sancho	Sí, la vi. Resta, mi señora, aquí.
Violante	¿Visteis si se junta más gente que otra vez?
Sancho	Jamás se habrá visto tanta gente.
Violante	Pues, adiós, Sancho valiente.

(Vase Violante.)

Sancho	¡Con la banda me dejó! ¡Vive Dios, que me la dio, si el corazón no me miente!

(Vase don Sancho. Salen Fortún y Mendo.)

Mendo

¿Qué dudas, Fortún? ¿No sabes,
de heroico valor vestido,
que a tu lado me has tenido
en ocasiones más graves?
   Busca a tu enemigo luego;
llama, incita, desafía,
pues vas en mi compañía.

Fortún

El furor me tiene ciego;
   mas, detente, que ha salido
de la tienda.

Mendo

¿Qué pretendes,
si con valor no le ofendes?

Fortún

El suyo es tan conocido
   en España y en el mundo,
que en batalla singular
temo que no he de alcanzar
la venganza en que me fundo.
   Pues, matarle con traición
será delito afrentoso.

Mendo

Desafiarlo es forzoso
para cobrar la opinión.

Fortún

Mira que se acerca ya.
El amigo es claro espejo
del honor. En tu consejo
librada mi dicha está.

Mendo

Oye, pues. De mí te fía

tu honrada satisfacción.
Sancho tiene devoción
de oír misa cada día.
  No hay cosa que divertir
pueda su devoto intento;
sufrirá cualquier tormento
por no dejarla de oír.
  Pues hoy es sábado santo,
y hay una misa, no más.

Fortún   No sé el intento a que vas.

Mendo   Que no me entiendas me espanto.
  Tocarán a misa agora,
y, puesto que no hay más de una,
te ha de ofrecer la Fortuna
el bien que ella misma ignora.
  Deja que acabe de hablar
Sancho con aquel soldado
y, con el semblante airado,
llégale a desafiar.
  Señala puesto distante
del ejército, y que sea
luego, porque el mundo vea
que tu soberbia arrogante
  enfrenas, que él, temeroso
de perder su devoción,
dejará que su opinión
ofenda el vulgo envidioso.
  Y tú, blasonando fiero,
en el puesto aguardarás,
y con esto cumplirás
las leyes de caballero.
  Que, aunque él, de valor armado,

salga después, será tarde
y quedará por cobarde
como tú por buen soldado.

Fortún   Si la devoción pospone
al honor y al campo sale,
¿de qué esa industria me vale,
si en más cuidado me pone?

Mendo   Vamos. Deje esos cuidados.
Pues si sale, seguiré
sus pasos y llevaré,
amigo, algunos soldados,
y antes que este desafío
a sus últimos extremos
pueda llegar, os pondremos
a los dos en paz; y aun fío
que en vez de paz, si ocasión
hallamos disimulada,
le daré una cuchillada.

Fortún   De ese modo no hay traición
que me culpe.

Mendo   De esta suerte
suele hacerse cada día,
y piensan que él que reñía
a su contrario dio muerte.

Fortún   Traza de tu ingenio ha sido;
dame esos brazos.

Mendo   Espera,
que llega ya.

(Sale Sancho en hábito español.)

Fortún (Aparte.)   (¡Quien pudiera
                  dejar el campo teñido
                    de sangre suya!) A esta parte
                  quiero hablaros.

Sancho   Bien podéis;
                  seguro el campo tenéis.

Fortún   Menos blasonara Marte,
                    y esas arrogancias son
                  de la lengua efectos viles.
                  Si fueras en Troya Aquiles,
                  o en Cartago Cipión,
                    yo solo, ¡viven los cielos!,
                  si no dilatas los plazos,
                  te hiciera aquí más pedazos
                  que te ha causado desvelos.
                    Mira el puesto que señalas,
                  donde cuerpo a cuerpo veas
                  que con la lengua peleas,
                  porque en valor no me igualas.

Sancho   (¿Qué es esto, cielos? ¿A mí
                  se atreve Fortún? No quiero,
                  pues sé que matarle espero,
                  señalar el puesto.) A ti
                    toca solo la elección
                  de las armas y lugar.

Fortún   Pues me dejas señalar,
                  espada y rodela son

23

nobles armas.

Sancho   Así queda.
                        ¿Y el sitio?

Fortún   El cristal de Arlanza
                        solo ha de ver mi venganza.
                        .... [-eda],
                           porque nadie pueda darnos
                        favor; a su margen fría
                        te espero hasta medio día.
                        ....[-arnos].
(Aparte.)   (¡Vive Dios, que su denuedo
                        da señales de salir!
                        Estas ansias de vivir
                        son las que engendran el miedo.
                           Con miedo voy.)

(Vase Fortún.)

Sancho   ¿Y Mendo?

Mendo (Aparte.)   (Finja el odio dulce risa.)
                        Don Sancho, ¿venís a misa?

Sancho   Luego voy.

Mendo   Que es hora entiendo.
(Aparte.)   (Seguirle tengo hasta ver
                        si sale al campo.)

(Vase Mendo.)

Sancho   ¿Qué es esto

¿En qué confusión me han puesto
el deshonor y el perder
  la misa este santo día
que celebre nuestra fe?
Pienso que el demonio fue
quien así me desafía.
  En dos trances apretados
me suspenden hoy los puntos
del honor; que no andan juntos
a veces el ser honrados
  y cristianos. ¡Que el honor
del mundo venganzas pida,
y que se arriesgue la vida,
que nos da nuestro criador
  para servirle, en la furia
de un colérico cuidado!
¡Que no pueda ser honrado
el que no borra su injuria
  con sangre del ofensor!
¡Oh, duras injustas leyes!
¡Príncipes, monarcas, reyes,
deshaced este rigor!
  Y aquél que más perdonare
tenga más honra, pues éste
fue precepto de Dios. Cueste
el cielo, a quien le buscare
  vencimientos de sí mismo.
Sea valiente solo aquél
que matare al infiel.
¡Oh, locura! ¡Oh, barbarismo!
  ¡Que esté yo agora obligado
en tan ardua confusión
a perder mi devoción
o a dejar de ser honrado!

Mas, también, si considero
lo que en esto debo hacer,
obligado estoy a ser
buen soldado y caballero.
    Que como el mundo no alcanza
a ver el alma, atribuye
a que es cobardía el que huye
del duelo y de la venganza.
    No salir al desafío
llama el mundo deshonor;
que este género de honor,
aunque sea desvarío,
    me conviene, porque soy
soldado noble, y así
la misa esta vez perdí.
Por una rodela voy.

(Sale Mirabel.)

Mirabel   ¿Dónde vas, señor, agora?
¿No me mandaste avisar
cuando quieran comenzar
los oficios? Pues, ya es hora.
    No te apartes de la tienda
que estuvo de la iglesia.

Sancho   Aquí
vuelve a batallar en mí
una dudosa contienda.
    Mirabel, desafiado
a la ribera del río
estoy agora.

Mirabel   Amo mío,

pues esto te da cuidado,
    haz lo que yo; que requiero
mi daga y espada el día
que alguno me desafía,
cálome bien el sombrero,
    tercio la capa, y no salgo;
y con esto estoy seguro,
mejor que detrás de un muro.
Escribieron a un hidalgo
    un papel de desafío
a las seis de la mañana,
mas él, con hermosa gana
de dormir, con mucho brío
    le respondió, sin mostrar
alteración ni disgusto:
«Para cosas de más gusto
no suelo yo madrugar.»

Sancho   Tráeme una rodela; trae
la que fue de Nuño Vela.

Mirabel   No hay más segura rodela
que la distancia que hay
    de aquí a Arlanza. Deja en medio
esta tierra, y vete a misa,
porque son cosas de risa
esos puntos.

Sancho   ¿Qué remedio
podrá tener mi opinión?

Mirabel   ¿Cómo la puedes perder,
si saben que sueles ser
dios Marte de la nación?

Vete a misa, y sale después.

Sancho   Dices bien, que tiempo habrá.

Mirabel   Espere el contrario allá
una semana y un mes.
    ¡Qué buena burla le haces!
Oye misa, porque Dios
poner quiera entre los dos
largas treguas, si no paces.

Sancho   Voyme a misa, y mi honra dejo
en manos de Dios.

Mirabel   Loado
sea su nombre, que has tomado
una vez mi consejo.

(Vanse. Sale Fortún con espada y rodela.)

Fortún   Bella margen amena,
salpicada de perlas de ese río
como de flores llena,
si atenta al desafío
que a Sancho Osorio hice estás agora,
la lengua de cristal, que te rodea
haciéndote tapetes de la aurora,
mueve para que sea
en Castilla sabido
que al trance de las armas he salido.
¡Oh, si fueran las hojas
de las hermosas plantas,
como esmeraldas son con líneas rojas,
ojos que viesen mi valor fingido,

o si entre flores tantas
mil Argos estuviesen,
que esperando me viesen
y luego con más lengua que la fama
publicasen que espero,
como valiente y noble caballero!
Ah, Sancho, ¿dónde estás? ¡Fortún te llama!
Yo aseguro que Mendo
publique lo que agora estoy diciendo.
Mas, ¡vive el santo cielo!,
que viene Sancho! ¿Y así no es recelo
que a los ojos me finge
fantásticos engaños el esfinge?
Él es, y Mendo tarda.
El semblante de Sancho me acobarda.
¡Que no me baste que el Infante estime
mis consejos y acciones,
para que su privanza
a esta empresa me anime!
¡Ah, cristales de Arlanza,
en vosotros acaban los blasones
que pensé conquistar con mi riqueza!
No hay valor en efecto sin nobleza.

(Sale un Ángel, parecido a Sancho, con una espada y rodela.)

Ángel (Aparte.)   (No ha de perder su opinión
con los nobles castellanos
quien misterios soberanos
de su misma redención
oye con tal devoción.
Hombre que su honor ha puesto
en manos de Dios, en esto
debe de ser correspondido;

y de su forma vestido,
con ser ángel, salgo al puesto.)
    Ya, Fortún, aquí me tienes,
defendiendo mi verdad.

Fortún (Aparte.)   (Ella fue temeridad.
¡Ah, Mendo! ¿Cómo no vienes?
¿Cómo, amigo, te detienes
si sabes mi cobardía?
Mas, supla la industria mía
esta ignominia tan fiera.
Entretenerle quisiera.
¡Mal haya quien desafía
    sin ardimiento y valor!)
Yo confieso, Sancho Osorio,
que a todo el mundo es notorio
lo antiguo de vuestro honor
y si el conde, mi señor,
me suele honrar y decir
que yo le acierto a servir...

(Aparte.)   (¡Ah, cómo Mendo se duerme!)

Ángel   No tienes que entretenerme
que Mendo no ha de venir.

Fortún (Aparte.)   (¡Vive Dios, que me ha entendido
el alma también! No puedo
hallar esfuerzos al miedo.
¡Con qué feroz y atrevido
aspecto al campo ha salido!
¡Nunca le vi tan airado!)
Yo, Sancho, soy hombre honrado,
y no por tener riqueza
me ha de faltar la nobleza

que mis abuelos me han dado.

Ángel   ¡Saca la espada!

Fortún   Quisiera
con cualquier satisfacción
ajustar esta cuestión,
para que no recibiera
pesadumbre el conde.

Ángel   Fuera
darte ocasión de decir
que yo no quise reñir.
¡Saca la espada! Que quiero
con la pluma de este acero
y con tu sangre escribir
    que salí a tu desafío.

Fortún (Aparte.)   (Defenderme es ya forzoso,
¡Ah, Mendo, amigo engañoso,
en vano de ti me fío!
Muestre valor, finja brío
mi desdicha. Y puede ser
que esté escondido, hasta ver
que las espadas sacamos,
entre las flores y ramos
de su callado placer.)

Ángel   Ni está escondido, ni viene
Mendo a darte su favor.
Solo estás; muestra valor.

(Saquen las espadas y riñan un poco.)

Fortún (Aparte.)   (Los pensamientos me tiene
                          penetrados. Ya conviene
                          hacer que la espada mía
                          ver pueda la luz del día,
                          para defenderme osado,
                          en mi desdicha confiado
                          ya que no en mi valentía.)
(De rodilla o caído.)   Espera, Sancho, suspende
                          la saña de tu valor;
                          que un respeto y un temor
                          me acobarda, y te defiende.
                          Herido estoy; no pretende
                          mi pecho más resistencia.
                          No sufre el hado más violencia;
                          rendido estoy a sus pies.

Ángel   Si fuerza inmensa ves,
                          ten humildad y paciencia.

(Vase el Ángel.)

Fortún   En accidente tan vario,
                          que es mi agravio mayor, digo
                          la tardanza del amigo
                          que la espada del contrario.
                               Pudo darme, cosa es clara,
                          el contrario muerte cruda.
                          ¡Pero el amigo! ¿Quién duda
                          que quiso que me matara?

(Átese al brazo un lienzo.)

                               Ligarme el brazo pretendo,
                          y el cielo me dé venganza

de la herida y la tardanza
en Sancho y en Mendo,
    aunque es cosa conocida
que en tan desdichada suerte
uno pretendió mi muerte
y otro me ha dado la vida.

(Sale Mendo.)

Mendo   Ya, Fortún, el plazo puesto
de tu término ha pasado.
No salió el desafiado.
Bien has cumplido con esto.
    Yo, que de ello soy testigo,
haré público este caso
en Castilla, paso a paso.
Te puedes venir conmigo,
    que aunque tu enemigo salga,
supuesto que sale tarde,
le han de tener por cobarde,
sin que su sangre le valga.

Fortún   ¿Qué enemistad ni qué agravio
recibes de mano mía?
¡Mal haya el hombre que fía
del hombre, cuerdo ni sabio!
    ¡Ni amigo, Mendo! ¿Por qué,
fingiendo amistad conmigo,
haces obras de enemigo,
sin verdad, honra ni fe?
    ¿De qué sirvió aconsejarme
que al campo con él saliese
en tu confianza?

Mendo
                              ¿Es ése
el pago que debes darme
   a las ansias y al cuidado
con que en la misa asistí,
para ver si contra ti
salía desafiado
   hasta ver cumplido el plazo?

Fortún
                    ¡Gran cuidado! ¡Mendo, Mendo!
Tu amistad están diciendo
las heridas de este brazo.
   Huélgome de conocerte,
y solamente estoy triste
por ver que tú me pusiste
en las manos de la muerte.
   Mas a mi contrario debo,
pues en este desafío
templó el enojo y el brío
cuando a sus fuerzas me atrevo.
   Él salió, y yo te esperaba;
entretúvele, tardaste,
reñimos, mas esto baste.
¡Mendo, Mendo, aquí se acaba
   la historia de tu amistad!
Poco hasta agora es el daño;
útil es el desengaño
que da al hombre la verdad.

Mendo
                    Ya te entiendo; tú has pensado
fingirte herido y decir
que te atreviste a reñir
con hombre tan esforzado,
   y me la quieres pegar
primero a mí.

Fortún	¡Bueno es eso en mi infelice suceso!
Mendo	Si dejo junto al altar a Sancho, ¿cómo has fingido que al campo salió?
Fortún	Salió, y estas heridas me dio.
Mendo	¡Vive Dios, que no ha salido!
Fortún	¡Vive Dios!, que no es ya cuerda tu amistad, con tal indicio.
Mendo	¿Harás que pierda el juicio?
Fortún	¿Harás tú que yo le pierda?

(Vase Fortún.)

Mendo	¿Qué es esto? ¿Qué puede ser sino fingir lo que digo? ¿Y querrá cumplir conmigo hombre que me da a entender que Sancho Osorio salió al campo y al desafío? Ser no quiere amigo mío; de mi amistad se cansó.

(Sale Mirabel con espada, ballesta, rodela y chuzo.)

Mirabel	En la ribera de Arlanza

mi señor desafiado,
sepan que tiene criado
de valor y de pujanza.
    Pelear tengo por él,
con el hombre que le espera.
Sépase en esta ribera
quién es el gran Mirabel.
    ¿Es Mendo acaso el que está
esperando en la estacada?

(Echa las armas en tierra.)

Mendo   ¿Por qué lo dices?

Mirabel   Por nada;
porque mi señor vendrá
    y sabrá volver por sí,
y yo también.

Mendo   ¿Qué «también»?

(Turbado con las armas, y se le caen unas y toma otras.)

Mirabel   Tengo espaldas en que den
porque no me den a mí
    en el pecho; y si turbado
de la cólera que ves
estoy, ¿qué mucho si es
que no me he desayunado?
    Una rueda de naranja
hace gran falta.

Mendo   ¿Y en fin?

Mirabel   El Rey Miramamolín
tiene en Córdoba una granja
donde las hay muy famosas.

Mendo   ¿A qué propósito?

Mirabel   Aquí
ninguno me obliga a mí
a decir todas las cosas
en orden.

Mendo   Vete.

Mirabel   Mal haya
la mucha cólera, a fe
que ha de agradecerlo.

Mendo   ¿A qué?

Mirabel   A que dice que me vaya.

(Sale Sancho.)

Sancho   Tarde vengo, porque el día
líneas de occidente dora;
pero no es mucho que una hora
espere quien desafía
más del término. Sin duda
que estará Fortún aquí.
¿Qué quieres, bárbaro? Di.

Mirabel   ¿Qué quiero? Echarte una ayuda.
Con la nuez de la ballesta,
si la hubieres menester,

yo solo pienso vencer
a tu contrario con ésta.

Sancho ¡Vive el cielo, mentecato,
que he de darte...!

Mirabel ¿Qué?

Sancho La muerte,
porque vengas de esa suerte.

Mirabel ¡Oh, señor, el más ingrato!
　　Tu cólera me atropella.
Si la diligencia mía
te ha traído la armería
para que escojas en ella,
　　¿qué mucho que el guardarnés
saque al campo tu criado
cuando estás desafiado?
¿No se ha de saber quién es
　　tan infanzón y tan fiero?

Sancho ¿Habéis visto, Mendo, aquí
a Fortún Velázquez?

Mendo Sí,
como honrado caballero
　　dice que esperando estuvo,
cumpliendo hasta mediodía
la ley del que desafía,
y que contrario no tuvo.

Mirabel ¡Donosa desconfianza!
¡Muy puntual es su estilo!

Medio día era por filo,
y Fortún no está en Arlanza.

Sancho   Calla, bestia, ya se sabe
que este brazo y este pecho
tantas hazañas han hecho
que su número no cabe
  en historias de Castilla.
¿Quién dirá que le temí,
si está volviendo por mí
el blasón de esta cuchilla?
  Pese el plazo en un nivel.
Presto Fortún se cansó.
Si no es que a ti te dejó
para que riñas por él.
  Eres su amigo y podrías
por librarlo de esta afrenta,
meter mano, haciendo cuenta
que eres tú quien desafías.

Mendo   Sancho Osorio, no ha incurrido
Fortún en afrenta alguna,
si ves que agora es la una
y a las doce el plazo ha sido
  último.

Mirabel   ¡Lindos despachos
diera, si fama procura,
una hora de añidadura,
pues hay relojes borrachos.

Sancho   Y tú lo estás.

Mirabel   No lo estoy,

porque puede, así yo viva,
sacar manchas mi saliva.

Mendo   Satisfacciones no doy
                       en negocio que no es mío.

Mirabel   Por Dios, que viene el infante
                    con doña Blanca y Violante.

Sancho   ¿A impedir el desafío?
                     ¡Fuerza de privanza es ésta!

Mirabel   ¿Qué ha de impedir si Fortún
                    estará como un atún
                    durmiendo ya la fiesta?

(Salen el Infante, Violante y Blanca.)

Infante   ¡Que no puedo tener yo
                    en este ejército paz,
                    y que mis soldados guarden
                    obediencia y amistad!
                    Sancho Osorio, ¿qué es aquesto?
                    Después que en Castilla estáis,
                    ¿Palabras y desafíos
                    tenéis, por darnos pesar?
                    Si veis que Fortún Velázquez
                    es una viva mitad
                    de mi pecho, y que es un alma
                    la que en dos cuerpos está,
                    ¿cómo envidioso o soberbio,
                    opuesto a mi voluntad,
                    os atrevéis a su injuria,
                    y a mi agravio os arrojáis?

Sancho	Si yo fui el desafiado, ¿cómo atrevimientos hay en quien te guarda el respeto?
Infante	¿Respeto se ha de llamar herir a Fortún, y en él herirme a mí? ¿No miráis que a las canas de mi padre, por dueño y por general, debéis respeto y amor, porque sus veces me da como infante de Castilla? ¿Por decreto os obligáis? Pudiérades no salir a este campo a batallar sin darme cuenta primero.
Blanca (Aparte.)	(En sospecho mismo están las heridas de Fortún en su brazo. No vengar me toca este desafío.)
Sancho	Fingiendo riguridad me motejáis, ¡vive Dios!, de que no he salido. ¿Tal escucha un hombre de bien con honra y con calidad?
(Aparte.)	(Quiero advertir si Violante vuelve por mi causa ya, que si es amor verdadero el que me suele mostrar, en las cosas de mi honor reprimirse no sabrá.)

Violante	Yo confieso, doña Blanca,
	que se debían estimar
	las heridas de tu hermano.
	Pero, ¿cómo un capitán
	valiente y honrado pudo
	quedar bien sin aceptar
	un desafío? ¿No ves
	que en eso le culparán
	las leyes de la milicia,
	y habiendo salido ya,
	si con más dicha riñó,
	qué ha de hacer? No pudo más.
Sancho	(¡Ay, cielos! Sin honra estoy;
	también la infanta me da
	motes y fieros baldones.
	¡Oh, qué amarga es la verdad!
	¡Qué terrible es el desengaño!
	Fuerza es que me quiera mal
	quien habla así de mi honor.
	O no me quiso jamás
	o juzgándome cobarde
	me ha comenzado a olvidar.
	Volveré por mí. Silencio,
	mi defensa no impidáis.
	Respeto, no me turbéis.
	Desengaños, dad lugar
	a que disculpe mi lengua
	injuria tan eficaz.)
	Yo, señores, nunca tuve
	ambición tan inmortal
	que me opusiese a la dicha
	con envidia y con pesar.

Si a Fortún ama su alteza,
hace bien, porque es capaz
de su amor y su privanza;
y con mano liberal,
honre a Fortún norabuena.
Pero, si diciendo están
mis hazañas, que he tenido
valiente temeridad
en mil empresas, ¿por qué
de mí se ha de sospechar
que ésta ha sido cobardía?
¡Vive Dios!, que soy igual
en valor al mismo César,
y que le supiera dar,
no a Fortún, a Cipión,
a Alejandro y Anibal
más heridas cuerpo a cuerpo
que arena tiene la mar.

Infante   ¿Cómo respondéis así,
sin respeto a la deidad
que en un señor soberano
suele el cielo colocar?

Blanca   Arrogante estáis, Osorio,
y con ventaja quizá
de amigos y de criados
heristeis a Fortún.

Violante   Estáis
muy apasionada, Blanca.
Sancho Osorio es singular
soldado, y no reñiría
con ventaja.

Sancho	Aquí no hay sino paciencia y sufrir desprecios, que han de costar a un desdichado la vida.
Infante	Sancho, las armas dejad a Mendo, y de vuestra tienda un instante no salgáis sin mi licencia; y también pretendo que no sirváis más con vuestra compañía. Con ella me servirá Mendo bien.
Mendo	Beso tus pies.
Violante (Aparte.)	(Conviene disimular mis sentimientos. Amor, el silencio no rompáis debido a mi honor agora.)

(Da la espada al Infante y él a Mendo.)

Sancho	A vuestra alteza he de dar solamente yo la espada, que ha sido rayo fatal de los moros, y pues gusta que yo no le sirva más gobernando compañía, ya que no como oficial serviré con una pica.
Infante	Por agora bien está.

Sancho	¿En efecto, por cobarde, aunque valiente y leal, me castigas?
Blanca	Cobardía fue herir a Fortún, que aun hay arrogancia en el desprecio, y soberbia en la humildad.

(Vase Blanca.)

Infante	Tu cárcel será tu tienda.

(Vase el Infante.)

Violante	Don Sancho, mi voluntad puede reprimirse apenas. Ánimo, no os aflijáis, que tan valiente soldado no se debe, no, postrar a la Fortuna.
Sancho	Señora, no merezco, no, que hagáis burla de mí de ese modo.
Violante	Sois valiente capitán; hicisteis honradamente.
Sancho	Yo haré esa burla verdad.
Violante	Muy de vuestra parte estoy.

Sancho	¡Qué poco que lo mostráis!
Violante	Bastante favor es éste.
Sancho	Decid bastante pesar.
Violante	Sois ingrato o no entendéis.
Sancho	Bien entiendo, ¿mas qué habrá que agradeceros en eso?
Violante	Hablaros con claridad.
Sancho	Ésa me deja ofendido.
Violante	¿Ofensa a mi amor llamáis?
Sancho	¿Amor llamáis al desprecio?
Violante	¡Qué ignorancia!
Sancho	¡Qué crueldad!
Violante	Declaréme, y voy corrida. ¡Qué extraña facilidad!
Sancho	Declaróse, y voy corrido. ¡Qué desdén tan inmortal!

(Vanse cada uno por su puerta.)

Fin de la primera jornada

Jornada segunda

(Salen el Infante y Blanca.)

Infante   Blanca, que al Sol oscureces,
venciéndole en resplandor,
eternidades de amor
y de adoración mereces.
¡Pero cómo agradeces
un ardiente padecer!
Dirás que debo querer
esa luz a quién me atrevo,
y haciendo lo que debo,
no tienes que agradecer.
    Bien dirás más, Blanca mía.
En nuestra mortal esfera
hay hombre que no venera
la luz hermosa del día
que rayos y gloria envía,
y pudiera mi locura
no adorar esa hermosura,
como el ciego o malhechor
que defama el resplandor
y aborrece la luz pura.
    Pudiera no amar, y así
algún agradecimiento
merecerá mi tormento,
porque si libre me vi,
y con gusto me rendí,
a esa beldad que obedezco,
.... [-ezco]
por el gusto con que yo
padezco por ti si no
por lo mucho que padezco.

Y si fuera atrevimiento
pedirte, Blanca, un favor,
en virtud de tanto amor
o en virtud de tal tormento,
sin ser agradecimiento
puede ser lástima en ti;
y será el favor así
piedad debida a los hombres,
que con mudarles los nombres
es lo mismo para mí.

Blanca   Dicen que la voluntad
en lo que ama se transforma,
dando su vida y su forma
a lo amado.

Infante   Así es verdad.
Una secreta deidad
hace en dos almas unión
a fuerza de la afición.

Blanca   En vos, señor, no la ha hecho,
pues no sentís en mi pecho
lastimado el corazón.

Infante   Cuando sabes que te adoro,
comunica lo que sientes,
como el mar que da a las fuentes
cristales y arenas de oro.
Disculpado estoy si ignoro
tu sentimiento infiel,
porque tu pecho cruel
nunca me ha dado lugar
para que yo pueda entrar

a saber lo que hay en él.

Blanca   Las injurias de mi hermano
quedan en él, sin que yo
deba sentir.

Infante   Blanca, no,
aunque un pecho soberano
no está sujeto al humano
sentimiento.

Blanca   De esa suerte
será amor el que no acierte
a mi venganza y dolor.

Infante   Bien has dicho. Venza amor,
den a don Sancho la muerte.
Es bien quisto, y nos conviene
disimular los enojos,
porque no digan los ojos
lo que oculto el alma tiene.
Él morirá.

Blanca   Causa tiene,
sin las injurias que siento,
porque tuvo atrevimiento,
y fue su soberbia tanta
que objeto hizo a la infanta
de su loco pensamiento.

(Sale Fortún.)

Infante   Tu enojo solo es conmigo,
Blanca, el delito mayor;

49

así lo dice el amor
que tengo. ¡Oh, Fortún amigo!
Ya a don Sancho tu enemigo
trazando estamos la muerte.

Fortún   Tu esclavo soy.

Infante   De esta suerte
la amistad en el que es sabio,
propio ha de hacer el agravio
del amigo, pero advierte
    que paces habéis de hacer
y amistad disimulando.
¡Hola!

(Sale Mendo.)

Mendo   ¿Señor?

Infante   Di que mando
salir a Osorio. El poder
muchas veces [ha] de ser
industria y arte, y conviene
por los amigos que tiene
no causar alteraciones.

Fortún   En tantas obligaciones
a esclavitud nueva viene
    el alma. Vivas mil años.

Infante   Disculpe amor inmortal
que haya en la sangre real
estas traiciones y engaños,
si, para excusar los daños

que amor causa al alma mía,
se visten de tiranía
el ánimo y la grandeza.

(Salen Sancho y Mirabel.)

Sancho   Déme la mano, tu alteza.

Infante   Dala a Fortún.

(Danse las manos.)

Sancho   No podía
                  hacerme merced mayor.
                  Fortún, tu amigo seré.

Fortún   Y yo tuyo.

Infante (Aparte.)   (Poca fe
                  guarda a veces el amor.)

Sancho   Un caos en mi pecho está
                  porque amor fabrica en él
                  una confusa Babel.

(Vanse los tres.)

Mirabel   Habla las lenguas que allá
                     hablaban, y endemoniado
                  parecerás...............
                  ....
                  .... [-ado]
                  ....

Sancho	Una dama
	me mira con atención,
	y lenguas sus ojos son
	con que está diciendo que ama.
	Otras veces cuando quiero
	examinar esta fe,
	conozco que me engañé
	y de su amor desespero,
	porque se burla de mí
	en las razones que dice,
	y confuso, si infelice,
	engañado vivo así.
Mirabel	¿Ya sé quién es?
Sancho	No sabrás,
	que, oculto en el pecho mío,
	a los labios no lo fío
	ni ellos lo sabrán jamás.
Mirabel	¿Qué hay que saber, si eso fue
	antojo de tus deseos?
	Tan lascivos desvaneos
	dicen al ciego que ve
	cuando duerme, y él despierta
	contento y alborozado,
	pero viendo que es soñado,
	le aflige más. Cosa es cierta;
	que son sueños esos favores.
	Despierta, que estás dormido.
Sancho	Parece que has entendido
	mis dudas y mis errores.

Mirabel	¿Yo? ¡Cómo los entiendo!
(Aparte.)	(¡Mal me haga Dios si lo sé!)

Sancho	Pues, silencio.

Mirabel
        Callaré
como aquél que está durmiendo,
  y así no podré decillo,
pero lo podré roncar.
Alcaide soy de fiar.
Tu secreto es mi castillo.

(Vase Mirabel. Sale el Conde.)

Conde
        ¡Don Sancho Osorio!

Sancho
          ¿Señor?

Conde
Hoy quiero tratar contigo
un cuidado que en el alma
crece, aunque está reprimido.
No di crédito jamás
a astrólogos ni a adivinos,
que el sabio vence a los astros,
y son en ciertos juicios
los de esta ciencia en costumbres
y en sucesos no venidos,
que a accidentes se sujetan.
Un astrólogo me ha dicho
que será Garci Fernández
un infelice marido
en su primer matrimonio,
y juzgando que mi hijo
es fácil de condición,

mudable y antojadizo
—quizá con la juventud—
recelo que está a peligro
de hacer cierta esta desdicha;
mayormente, que he entendido
que ama a Blanca y, como sabes,
su linaje es muy indigno
de mi sangre, y no quisiera
que, obedeciente a su apetito
más que a mí, un error hiciese
tan culpable y conocido.
Por esto, Sancho, deseo
que encamine mis designios
la industria, y este retrato
que de León me ha traído
de la Infanta doña Elvira
le divierta los sentidos
de los cuidados de Blanca.
El infante no le ha visto,
y has de mostrársele tú,
llamando al pincel divino
que se atrevió a tal belleza,
porque el retórico estilo
le infunda amor y deseos.

Sancho   Ya te entiendo.

Conde   Sancho, amigo,
Blanca y Elvira le den
una amores y otra olvido.

(Vase el Conde y déjale el retrato.)

Sancho   Retrato, aunque sois hermoso,

¿cómo podré persuadirlo,
si el infante adora a Blanca,
y está enojada conmigo?
La encarecida elocuencia
de los griegos y latinos
fuera nada cuando están
mal afectos los oídos.

(Sale el Infante.)

Infante   ¿Qué es esto que estás mirando
tan atento y divertido?

(Sale Violante al paño.)

Sancho   Contemplo la valentía
de un pincel tan peregrino
que imitó a naturaleza
con soberano artificio,
trasladando en sus colores
la hermosura que previno
el cielo para admirar
las naciones de estos siglos.

Infante   ¡Qué bravo encarecimiento!

Sancho   Verás que verdad he dicho,
cuando mires unos ojos
tan vivamente dormidos,
que despiertan al amor
como soles que dan giros
en líneas negras y hermosas
por su cielo cristalino.

Infante	Enamorado la alabas; debes de estar muy perdido.
Violante (Aparte.)	(Y yo celosa, que abraso el retrato si lo miro.)
Sancho	Desprecios padece el Sol con el oro de estos rizos, que son rayos marañosos en hermosos laberintos. Envidia la primavera esos colores tan finos, que quisiera trasladarlos al acanto y al narciso. La risa de aquesta boca, alba entre cándidos lirios, pasar quisieran las fuentes a su cristal fugitivo. Mira el aire y el aspecto que, ostentándonos un brío inimitable, nos dice con labios mudos y rizos de púrpura celestial: «Quien amor no ha conocido, llegue y míreme.»
Infante	Don Sancho, con eso tu lengua ha dicho que adoras al dueño.
Violante (Aparte.)	(¡Ay, celos! Si estando en vuestros principios sois tan terribles, ¿qué hacéis cuando el amor ha crecido?)

Infante	¿Quién es ésta?
Sancho	Es doña Elvira, hija del grande Ramiro, Rey de León.
Violante (Aparte.)	(Más dichosa en querer a quien la quiso.)
Infante	Guardad, don Sancho, el retrato, que ni el pincel atrevido ni vuestra lengua le han dado hermosura en mi juicio.

(Llega Violante a quitarle el retrato.)

Violante	Y vos, ¡bárbaro ignorante!, ¿con qué imprudente designio enseñáis estos retratos a mi hermano? ¿Divertirlo queréis de su inclinación, sin recato y sin aviso? Yo os entiendo, cauteloso. No ignoro vuestros motivos. El infante sabe amar y tiene libre albedrío.
Infante (Aparte.)	(Como quiero a doña Blanca tanto, Violante ha creído que podré olvidarla y riñe. ¡Qué discreción!) Poco sirvo a vuestra alteza el cuidado de mi defensa si digo

que es hermoso ese retrato.
Otro tiene el pecho mío,
como en lámina más firme,
más gallardo y más divino.

(Vase y sale Mirabel.)

Sancho

(Su hermana quiere, sin duda,
que ame a Blanca.)

Violante

Yo me admiro
que alabe tanto a su dama
un hombre bien entendido.
Pero no lo sois, don Sancho,
pues que con vano artificio
enamorar pretendéis
a mi hermano, y certifico
que si otra vez os sucede...

(Aparte.)

(¡Ay de mí! ¡Qué celos pido,
disimulando el veneno!)

Sancho

Yo, señora...

Violante

No hay conmigo
satisfacciones, don Sancho.
¡Vive el cielo!, que si os miro
enseñándole retratos,
que he de vengar en vos mismo,
como hermana del infante,
el enojo que recibo,
y adviértoos también, de paso,
que me dicen que habéis dicho
que yo os miro algunas veces
con atención, dando indicios

que me dais cuidado, y otras
os dejo desvanecidos
estos pensamientos.

Sancho   ¿Yo?
(Aparte a Mirabel.)   (¡Ah, traidor! ¡Ah, fementido!
                        ¿Esto salió de tu boca?)

Mirabel   (¿Con ojos de basilisco
                        me miras? ¿Qué culpa tengo?)

Violante   Dícenme que presumido
                        recibisteis por favor
                        palabras llanas que os dijo
                        mi lengua al descuidado.

Sancho   ¿Yo?
(Aparte a Mirabel.)   (¡Ah, falso! ¿De ti me fío?)

Mirabel   (Un cartujo soy callando.)

Violante   Y que a mí se me ha caído
                        una banda y no la quise,
                        de que, soberbio y altivo,
                        os juzgáis, como ignorante,
                        ser de mí favorecido.

Sancho (Aparte.)   ¿Yo, señora? (¡Es bueno aquesto!)

Mirabel   (¡Vive Dios, que no lo he dicho!)

Violante   De aquí adelante he de ser
                        contra vos, por el peligro
                        de que entendáis neciamente

mi intención.

Sancho   Yo te suplico
que me escuches.

Violante   No hay lugar

(Andando Violante a la puerta.)

de disculpas.

Sancho   Si te obligo
con mi humildad.

Violante   ¿Qué humildad?
¡Faetón de vuelo atrevido!

Sancho   ¿Tanto rigor?

Violante (Aparte.)   (¿Tantos celos?)

Sancho   ¿Tanta crueldad?

Violante (Aparte.)   (¿Tanto olvido?)

Sancho   ¿No me escuchas?

Violante   ¿No me entiendes?
Harto claro te lo he dicho.

(Vase Violante.)

Sancho   Acabé de confirmar
que me aborreces. ¿Fue digno

mi amor de aquesta traición,
villano, desconocido
a la obligación que tienes?
Cuando de ti me confío,
¿me vendes?

Mirabel   ¿Qué estás diciendo?
iVoto a Dios que no he sabido
hasta agora con qué dama
andabas antojadizo.

Sancho   Tú me dijiste que sí.

Mirabel   Si lo dije, yo he mentido
con mis labios sucios.

(Pone la mano a la daga Sancho.)

Sancho   ¿Quién
lo que te dije yo mismo
pudo decir? iVive Dios!

Mirabel   Cien años ha que te sirvo,
y siempre esperé este pago.

Sancho   Un desengaño es martirio
del ánimo más constante.

Mirabel   iY quieres tener contigo
un hermano compañero!
iPlega a Dios, don Sancho mío,
que tenga yo la cabeza
como este rostro lampiño!
iPlega a Dios, que este gesto,

entre pardo y amarillo,
no tenga quien bien le quiera,
y que me maten a silbos,
que es una muerte civil
que ha inventado nuestro siglo!
¡Plega a Dios, que si me caso,
suegras, cuñados y tíos
sobre mí lluevan! ¡Y plega...

Sancho   Callen ya tus desatinos.

Mirabel   Llámaslos como quisieres,
con tal que el acero limpio
vuelva a su vaina.

Sancho   ¡Ay, amor!
¡Ícaro desvanecido,
de cera fueron tus alas!
Llegó el Sol y las deshizo.

(Vanse don Sancho y Mirabel. Salen el Infante, Blanca, y un Alcalde.)

Infante   Escucha, Blanca, y verás
que trato del cumplimiento
de mi palabra.

Blanca   No intento
dudar de tu fe jamás.

Infante   Alcalde.

Alcalde   ¿Qué mandas?

Infante   Cuando

a ese castillo eminente
que en la espaciosa corriente
de Arlanza se está mirando,
   os envíe yo un soldado,
sin dudar ni discurrir,
como él os vaya a decir
que hagáis lo que os he mandado,
   dadle muerte, que conviene
y no es tirana violencia.

Alcalde   Homenaje y obediencia
debo. En efeto, ¿si viene
   un soldado de tu parte
a decirme que haga yo
lo que tu alteza mandó,
no tengo que replicarle,
   sino darle muerte?

Infante   Sí,
con maña tan advertida
que no escape con la vida.

Alcalde   Mal podrá, si no es neblí
   que trepe esferas del viento.

(Vase el Alcalde.)

Infante   Con esto, Blanca, daré
a mi palabra y mi fe
amoroso cumplimiento.
   Así tú de algún favor
me hicieses digno.

Blanca   Bien creo

que ése es un fácil deseo,
que no llega a ser amor.
    Muchas veces los antojos
de una ligera afición
no llegan al corazón
y se queda en los ojos.

(Sale Fortún.)

Fortún   Con el conde queda agora
la francesa bizarría,
que pienso que desafía
los jazmines de la aurora.
    Peregrina a Santiago
va una condesa de Francia,
haciendo con arrogancia
en las almas tal estrago
    que sin libertad las deja.
Cartas del Rey ha traído,
con que su crédito ha sido
como su hermosura.

Blanca (Aparte.)   (Queja
    puedo tener de mi hermano,
que alabe así otra mujer,
sabiendo que aspiro a ser
del infante. ¡Oh, cruel tirano!)

(Hácele señas que calle.)

Infante   Mucho alabas la francesa.

Fortún   Es en todo peregrina.

Blanca (Aparte.)   (¡Calla, bárbaro!)

Fortún   Divina
            es su gracia.

(Blanca habla aparte a su hermano Fortún.)

Blanca   (¡Con qué priesa
            descompones mis intentos,
            y despierta sus antojos!)

Fortún   (Ya podrán decir tus ojos
            si son encarecimientos.)

Blanca   (¡Necio, loco, inadvertido!
            Cuando empieza a ser mi amante
            la condición del Infante
            que mudable siempre ha sido,
                ¿alabas mujer tan bella?)

Fortún   (No reparé en lo que hice.)

(Salen el Conde con una carta, Argentina de peregrina, y su Padre, viejo, y
Violante y Sancho.)

Conde   Castilla será felice
            en que tú pases por ella.
                ¡Bien haya la devoción
            que te mueve a tal viaje,
            peregrina en rostro y traje!

Padre   Favores muy vuestros son,
                señor conde de Castilla.

Conde	Vuestra hija, conde, es tal que a la esfera celestial como a mí me maravilla.
Padre	Besa, Argentina, las manos al conde por tal favor.
Argentina	Como extranjera, señor, me hacéis merced.
Infante	Soberanos son sus ojos.
Conde	El Rey manda por ésta, que en tal viaje os haga yo buen pasaje, y sobrado el francés anda en dar recomendación a los que la traen consigo.
Padre	Soy tu esclavo.
Conde	Sois mi amigo.
Blanca (Aparte.)	(¡Ay de mí! ¡Con qué atención Garci Fernández la mira! Él es fácil, ella hermosa. Yo en amor no soy dichosa. ¡Todo va perdido!)
Infante (Aparte.)	(Admira su garbo. No sé qué tiene la beldad, si es extranjera, que mueve de otra manera.

                    Debe de ser porque viene
                    al gusto más singular
                    y más raro.)

Violante (Aparte.)   (He reparado
                    en que Sancho no ha mirado
                    la francesa. ¿Si es guardar
                    a su recato el decoro?
                    Triste está. Memorias son,
                    que con celosa pasión.
                    él las siente y yo las lloro.)

Conde   Habla, Violante, a Argentina,
                    honor de Francia y de España.

Violante   Vuestra alteza no se engaña
                    en dar nombre de divina
                    a esta beldad.

Argentina   Tal merced
                    no es favor, lisonja sí.

Infante (Aparte.)   (¡Vive Dios, que me rendí!
                    ¡Amor, Amor! Suspended
                        el arco y flechas fatales,
                    que las alabanzas son
                    saetas que al corazón
                    traen heridas inmortales.
                        ¡Qué grande facilidad!
                    ¡A un mismo tiempo ha nacido
                    en mi pecho amor y olvido!)
                    ¡Sancho!

Sancho   ¿Señor?

Infante   ¿Qué beldad
de las presentes inclina
mejor, a tu parecer?
¿Cuál es más bella mujer,
doña Blanca o Argentina?

Sancho   La francesa es más hermosa,
no admite comparación,
aunque las dos sombras son
de la beldad generosa
de Elvira. (En esto pretendo
dar gusto al conde.)

Infante   ¿Qué mucho,
si esa diferencia escucho,
que se está helando y ardiendo
el alma a un tiempo? Cortés,
y no fácil, es el pecho
que aprisa lugar ha hecho
a este prodigio francés.

Blanca (Aparte.)   (Ya el infante se ha llevado
de otros antojos. ¡Ah, cielos!
Envidias son; no son celos
éstos que me dan cuidado.)

Conde   Venid, señores, que en tanto
que sobre el mar español
sepulta rayos el Sol
y la tarde tiende el manto
de sombras, a reposar
a mi tienda.

Padre   Tuya es
             mi voluntad.

(Vanse el Padre, el Conde y Argentina.)

Infante (Aparte.)   (Sol francés,
             tú eres fénix singular,
               y yo me abraso y renuevo;
             tu calidad está en mí,
             tuyo soy y de Blanca fui.
             ¡A nuevo ser, amor nuevo!)

(Vase el Infante.)

Blanca (Aparte.)   (Mi esperanza va perdida.)

(Vase doña Blanca.)

Fortún   Apela, Blanca, a su ausencia.

(Vase Fortún.)

Violante (Aparte.)   (Celos, si me dais licencia,
             seré otra vez atrevida;
               muchas entiendo que soy
             querida de Sancho, y luego
             hielos hallo en aquel fuego,
             y desengañada estoy.
               Esta vez lo he de apurar
             a costa de mi recato.)
             ¿No os da licencia el retrato,
             don Sancho, para mirar
               una francesa hermosura?
             ¡Gran lealtad y gran fineza!

Sancho
Cuando saca su belleza
la rosa cándida y pura
de aquella verde camisa
con puntos y deshilados,
y los labios encarnados
despliega llenos de risa
en hojas de nieve y grana
que son de Venus tesoro,
y coronan grana de oro,
como a Reina soberana
de las otras flores, ¿quién
mira al lirio ni violeta?
Cuando al hermosa planeta
en el cuarto cielo ven
los hombres desmarañando
las trenzas de sus cabellos,
que son caracteres bellos
y líneas que están formando
letras con tanta belleza
que inmortal y eterna vive,
porque son ellos escribe
su poder naturaleza,
¿qué hombre cuerdo ha de advertir,
quién ha de estar atendiendo,
los astros que van huyendo
por los campos de zafir?
Cuando los reinos undosos,
que abismos de arenas cubren,
en los mares se descubren,
o mansos o procelosos,
y en sus piélagos profundos,
de las auras ondeados,
damascos tornasoleados,

entapizan nuevos mundos,
o las ondas, que eran bellas,
.... [-eve]
y ya el huracán las mueve,
quieren borrar las estrellas,
    ¿quién habrá que reparando
esté en las fuentes y ríos,
que sin caudal y sin bríos
entran en el mar temblando?
    Delante los resplandores
de la rosa, Sol y mar,
¿qué hombre sabio ha de mirar
fuentes, estrellas ni flores?

(Dale Violante a Sancho un retrato.)

Violante (Aparte.)   (Si lo dijera por mí
viviera alegre y felice,
por su retrato lo dice.
Dudosa estoy, pero así
    haré el examen postrero.)
Si al retrato que os quité
guardáis, don Sancho, tal fe
y amor, volvéroslo quiero.
    Flor, estrella, fuente y río
no mire el alma quejosa.
Tomad el Sol, mar y rosa.

(Aparte.)   (Retrato es aquéste mío;
    no es el que yo le he quitado.)

Sancho   No mandéis que le reciba.

Violante   ¡Enojaréme, así viva!

Sancho (Aparte.)	Mucho me habéis obligado. (Diómele el conde en secreto; decirle no me conviene el misterio que esto tiene.)
Violante	No lo mira.
Sancho	Yo prometo que me da poco cuidado.
Violante	Mirad si tiene belleza.

Sancho (Aparte.)	(Hacer quiero una fineza
	de leal enamorado;
	    la lámina volveré,
	que no es razón que delante
	de la divina Violante
	mire retrato que fue
	    para el infante traído.)

Violante	Miradle, Sancho.

(Vuelve el retrato.)

Sancho (Aparte.)	Señora, ya le miro. (Pero agora por las espaldas ha sido.)
Violante	¿Y qué os parece?
Sancho	No bien. Otro me da más cuidado.
Violante	¿Pues no es hermoso?

Sancho	Es pintado;
	es imaginado, bien
	que no llega a cumplimiento.
	¡Cuánto más bello es aquel
	que con flecha y no pincel,
	dibuja en mi pensamiento
	amor!

Violante (Aparte.)   (Busqué desengaños
y hallé desprecios. Amor,
tu blandura es ya rigor.
¡No más fe, no más engaños!)
¿Cómo, necio, inadvertido,
rompéis en presencia mía
las leyes de cortesía
que entre bárbaros han sido
inviolables? ¿Con desprecios
pagáis favores, que son
áspides de mi opinión?
¡Qué pensamientos tan necios!
Quien fino en ausencia es,
mucho al grosero se iguala.
Si amáis, amad noramala,
pero no seáis descortés.

(Vase Violante.)

Sancho   Oye, señora, que dudo
los enojos que te he dado.
Amor me tiene turbado,
la razón me tiende mudo.
¿Yo descortés? ¿Yo grosero?
¿Yo la política ignoro,

cuando callo lo que adoro,
cuando encubro lo que quiero?
¡Válgate Dios por retrato!
¿Qué inconvenientes nacieron
de que mi voz suspendieron
el silencio y el retrato?

(Mira el retrato.)   Mas, ¿qué es esto? ¡No es Elvira
la belleza que está en el!
Mas valiente es el pincel,
pues a ser soberbio aspira,
   segunda naturaleza,
y aun ella puede copiar
en cielos, campos y mar
este abismo de belleza.
   Imagen es de Violante.
Yo soy, con un bien dudoso,
el amante más dichoso
y el más desdichado amante.
   Bien me debo comparar
al que, ya cuando se muere,
viene a alcanzar lo que quiere
y no lo puede gozar.
   ¿Quién podrá satisfacerla?
¿Quién podrá desenojarla?
¿Por qué aquí la verdad calla?
¿Por qué el amor atropella?
   Mi razón, ¿por qué me culpa?
¡Animo! Pues no pidió
su retrato, me dejó
esperanza en la disculpa.

(Sale Mirabel.)

Mirabel   Pensativo estás, señor.

¿Tenemos otra zorrera?

Sancho (Aparte.)	(¡Que la lámina volviera! Yo mismo fui mi rigor.)
Mirabel	A pedirte una licencia en vez del salario vengo.
Sancho (Aparte.)	(¿Cómo es posible que tenga en mis descuidos paciencia?)
Mirabel	Hanme mandado ser guía de estos franceses que van.
Sancho (Aparte.)	(¿Mis labios desprecios dan a la misma luz del día?)
Mirabel	Que como yo sé el camino de nuestro patrón Santiago...
Sancho (Aparte.)	(Ya, retrato, siento y pago mi infelice desatino.)
Mirabel	Soy gallego y sélo bien, y he de guiar la francesa.
Sancho (Aparte.)	(De mi estimación me pesa perdí el crédito también.)
Mirabel	Hacerme quiero romero, ya que agora soy tabaco.
Sancho (Aparte.)	(Ni me consuelo ni aplaco mi dolor, ni bien espero.)

Mirabel   Mi esclavina y mi bordón
                 y mi calabaza llena...

Sancho   ¡Vete, vete, airada pena!

Mirabel   ¡Voyme, voyme, socarrón!
                     Por no dar para el camino,
                 me da licencia enojado.
                 Yo pienso volver cargado
                 de veneras y de vino.

(Vase Mirabel.)

Sancho   Disculpar conviene luego
                 mis errores con Violante,
                 que los cuidados de amante
                 no dan tregua ni sosiego.

(Salen el Infante y Blanca.)

Blanca   La mujer es vengativa.
                 Agraviada no reposa,
                 enojada no sosiega,
                 ofendida no perdona.
                 Vuestra alteza ha de cumplirme
                 su palabra, ya que adora,
                 como lo dicen sus ojos
                 esta peregrina hermosa,
                 y hace bien, porque es gallarda.

Infante (Aparte.) (¡Quién me dijera que sombra
                 fuera Blanca de su luz!)
                 Deseé verte celosa,

| | por ver si amabas, y vi |
| | que eres nieve, que eres roca. |

Blanca	Señor, don Sancho está allí.
	Tu palabra generosa
	está en mi pecho esperando
	que la cumplas o la rompas.

| Infante | Don Sancho. |

| Sancho | Señor, ¿qué mandas? |

Infante (Aparte.)	(¡Qué empresa tan rigurosa!
	prometió un ardiente amor,
	templáronse sus congojas.
	¿Qué mucho que sea el alma
	en la ejecución dudosa?)

[Aparte al Infante.]

Blanca	¡Oh, señor! ¿Agora dudas?
	¿Agora recelas? ¡Propia
	señal de haber olvidado!
	El desprecio es el que lloran
	mis ojos con más razón
	que el dolor de mi deshonra.
	No siento, no, que dilates
	tu palabra, aunque me toca
	tanto en el alma.

| Infante | ¿Qué sientes? |

| Blanca | Que tengas en la memoria |
| | otro cuidado. |

Infante	Terribles son las lágrimas o aljófar que derrama una mujer, compitiendo con la aurora. A mucho obliga.
Sancho	¿Qué mandas?
Infante (Aparte.)	(A tu daño me provocas. No des priesa, desdichado, a que yo te mande agora, que están tu vida y tu muerte en el aire de mi boca. Blanca, fingiendo o amando, derrama sobre las rosas de sus mejillas las perlas que trujeron cuidadosa mi alma, y aunque es verdad que fácil y afectuosa estimé aquesta francesa, en ausentándose tornan mis cuidados. ¡Quién volviera a ser y antigua forma! Obligar a Blanca quiero; pagar quiero las lisonjas de sus lágrimas y celos. La sentencia rigurosa de aquesta vez se pronuncia.) Ve a ese castillo, que adorna con sus almenas el viento cuando se mira en las ondas de ese río, y di a su alcalde que en debido efecto ponga

lo que yo le mandé.

Sancho   Voy.

Blanca (Aparte.)   (¡Qué alegre, qué dulce cosa
                        es la venganza!)

(Aparte a doña Blanca.)

Infante   Serena
                        los bellos soles que lloran
                        flechas de amor y fuego.

(Tocan una campanilla.)

Sancho   (Allí está Violante sola
                        y quisiera disculpar
                        mis ignorancias dichosas,
                        no perdiendo esta ocasión.
                        Mas pienso que a misa tocan,
                        y aunque el infante me envía
                        al castillo de esas rocas,
                        primero debo cumplir
                        en mi devoción piadosa,
                        porque no sé si después
                        habrá otra misa; y no importa
                        tanto agora este negocio
                        que esperar no puedo una hora.
                        Quédese pues, el mensaje
                        y Violante, porque sobra
                        siempre el tiempo, y nunca falta
                        a quien oye misa.)

(Vase Sancho.)

Infante   Borras
mucho clavel y azucena,
Blanca mía, si te enojas.
Ya parte Sancho a su muerte.
Tiempo es ya que el velo corras
de tu tristeza, y descubras
la faz bella y luminosa.

Blanca   Ensáyese vuestra alteza
para decir estas cosas
a Argentina.

Infante   Ya su ausencia
hará que sosiego pongas
a esos celos.

(Vase el Infante.)

Blanca   No son celos,
sino ambición generosa
de ser infanta de Castilla,
y vengarme.

(Sale Fortún.)

Fortún   Mucho importa
que insistas, Blanca, en la muerte
de nuestro enemigo.

Blanca   Loca
de placer y de alborozo
me hallas, Fortún. Ya corona
mis ojos el regocijo

de la venganza dichosa.
A ese castillo va Osorio,
donde al momento le corta
el alcalde la cabeza
con industria cautelosa.
No sabrá su muerte el conde,
que está avisado que ponga
tanto cuidado y silencio
que aun el Sol le ignore.

Fortún   Toma
este diamante en albricias.

Blanca   Favor es. ¡Cómo que me honras!

(Vase doña Blanca.)

Fortún   ¡Quién le viera revolcando
en su sangre, en las congojas
postrimeras de la vida!
¡Quién le viera entre las sombras,
que entre el morir y vivir
son crepúsculos que asoman
por la noche de los ojos,
y sus luces hermosas borran!
Quiero llegar paso a paso
hacia el castillo que Troya
será de este nuevo Aquiles.
Traiga su voz temerosa
y última el viento suave
a ser música sonora
de mis oídos; sus quejas
permitan los cielos que oiga,
pues mis agravios oí.

(Fínjase el castillo en lo alto, y que se sube por escalera del monte.)

> Si él fue, ésta es la hora
> que en el umbral de la muerte
> pone el pie, y las parcas cortan
> aquel instrumento fácil
> que con ansias envidiosas
> quisiera ya ver deshecho.

(Esto es paseándose, como que ve el castillo.)

> Él no parece; pues sola
> y cerrada está la puerta.
> Dentro está ya, que las olas
> de mis venganzas crueles
> me han traído presurosas,

(Va subiendo.)
> y me hallo en el castillo.
> Quiero ver su fin, que dobla
> el gusto de la venganza
> ver que el enemigo llora
> su desdicha. ¡Ah, del castillo!

(Salen el Alcalde y gente.)

Alcalde   ¿Quién es?

Fortún   Aquél que no ignora
                  los secretos del infante.

Alcalde   Fortún, vengas en buena hora.
                 ¿Qué mandáis?

Fortún   Dice su alteza,

                        señor alcalde, que importa
                        que hagáis lo que os ha mandado,
                        si no está hecho.

Alcalde   Ya sobran
                        las señas; entrad. Verás
                        que aunque no está hecho, agora
                        se hace al momento.

Fortún   Aquí, Osorio,
                        tu muerte será mi gloria.
(Vase Fortún.)   ¡Ay de mí! [¿Por qué me matan?]

Alcalde   Enterradle en esa fosa
                        cuando haya expirado. ¡Muera,
                        pues a su alteza le importa!
                        No pensé que Fortún fuera,
                        pero son maravillosas
                        las acciones de los reyes;
                        siempre el vulgo las ignora.

(Sale Sancho, metiendo el rosario en la faltriquera.)

Sancho (Aparte.)   (Recé el rosario, oí misa,
                        y con alma cuidadosa,
                        vengo a hacer lo que el infante
                        me mandó. Dar media hora
                        a Dios del día no es mucho,
                        si tantas despúes nos sobran
                        a las acciones humanas.)
                        ¡Señor alcalde!

Alcalde   ¿Qué cosas
                        os traen, Sancho, a mi castillo?

Sancho	Dice que pongáis por obra lo que mandado ha su alteza.
Alcalde	Ya está hecho, y porque informa mejor quien ve que quien oye, entrad a verlo.
Sancho	En buen hora.

(Antes de entrarse, ha salido por otra parte el Infante, y está mirando hacia los dos para no dividir la escena.)

Infante	Mirando estoy desde aquí tus venganzas, Blanca hermosa. Osorio entró en el castillo.

(Sale doña Blanca.)

Blanca	Agradecidos se postran a tus pies mis ojos.
Infante	Blanca, ¿de agradecida blasonas?
Blanca	Sí, señor.
Infante	Pues ya la muerte, que está absoluta señora de las vidas, de la suya posesión pálida toma. Mucho me debes en esto, pues borro de las historias mi piedad, y las hazañas

de un varón cuya gloriosa
fama sentirá mi padre.

(Sale Violante al paño.)

Violante (Aparte.) (Diligencias sospechosas
son las que en Blanca he notado;
no se ha apartado en dos horas
del infante, y con recato
hablan los dos.)

Blanca   Si injuriosas
palabras dijo a mi hermano,
¿por qué ofensas en la honra
no ha de pedirme venganza?

Infante   Ya la tienen, pues que cortan
la cabeza a Sancho Osorio.

Violante   ¡Válgame Dios! ¡Ah, traidora,
sin razón y sin piedad!
Amor, si el arco no aflojas,
muerta soy.

(Sale Sancho.)

Sancho   Lo que mandaste,
con lengua tan rigurosa
que ha excedido la crueldad
de las tigres y leonas,
está hecho ya, tu alteza.
El antiguo nombre borra
de la piedad castellana.
Ya se mancha, ya se moja

en su misma sangre aquel
que llamabas tu alma propia.
Ya a Fortún mató el alcalde,
acción, señor, con que enojas
a tu padre y a los cielos.

Infante   ¿Qué dices, hombre?

Blanca   ¿Qué doras
tu crueldad, tirano infante,
con la admiración que tomas?
Esto esperaba de ti.
¡Cielos, justicia!

Infante   Me asombran
estos sucesos. Espera,
Sancho, ¿qué has dicho?

Sancho   Que agora
vi muerto a Fortún.

Blanca   ¡Ay, conde!
¡Tirano infante, perdona,
que he de dar voces al cielo!

(Vase doña Blanca.)

Infante   Oye.

Blanca   ¡Ah, conde!

Infante   ¿Qué persona,
mortal o angélica, tiene
tu vida en tanta custodia?

Admirado voy por Dios.

(Vase el Infante. Sale doña Violante.)

Violante	¿Vienes sano?
Sancho	Sí, señora.
Violante	Ya por muerto te lloraba.
Sancho	Fuera mi muerte dichosa.
Violante	Más vale, Sancho, que vivas, aunque adores y ames otra.
Sancho	Eso no, que tuyo soy.
Violante	¡Qué palabra tan sabrosa, si es verdad!
Sancho	Aquel retrato me dio el conde.
Violante	Aliento cobran mis esperanzas con eso.
Sancho	Y mi suerte se mejora.

(Vanse los dos.)

Fin de la segunda jornada

Jornada tercera

(Salen el Infante y don Sancho.)

Infante   ¿El conde, al fin, enojado
no permite que le vea?

Sancho   No, señor.

Infante   En esta aldea
pienso vivir retirado
  de su ejército, hasta dar
una disculpa común
de la muerte de Fortún,
muerte que yo he de llorar
  mientras viviera, pues fue
el hombre que más quería.

Sancho   Todos llaman tiranía
tu rigor.

Infante   Dime por qué.

Sancho   Piensan que alguna ocasión
secreta de enemistad
dio fuerza a tu crueldad.

Infante   ¿No ha de haber satisfacción?

Sancho   Con el tiempo, sí la habrá.

Infante   Y Blanca, ¿siéntelo mucho?

Sancho   Solo lástimas escucho.

A los elementos da
   con voces y con querellas,
con suspiros y con llanto,
más fuerzas.

Infante   Y yo entre tanto
espero aquí las estrellas
   de unos ojos peregrinos.
Soy entre estos horizontes
atalaya de esos montes;
Argos soy de esos caminos.
   La francesa más gallarda
que abrasó los pirineos
me está robando deseos.
Con alborozo le aguarda
   un amor que rayo ha sido
en presteza. Por aquí
hoy ha de pasar, y así
a esta aldea me he venido
   con grande gusto, por ser
camino de Santiago,
ya que a este amor satisfago
solo con amar y ver.

Sancho   Ya que apartados estamos
de esa aldea y de la gente,
porque ilustrando esa frente
nos cubren zarzas y ramos,
   señor infante, atended
a lo que me trae aquí.
De ilustres padres nací,
que por honra y por merced
   de los reyes de León
con ellos emparentaron.

De León me desterraron
envidias; que siempre son
las sombras declaraciones
ilustres, no es maravilla.
Pasé a servir a Castilla,
donde he ganado blasones
que pudieran conquistar
vuestra gracia. Y he entendido
que muerto Fortún ha sido
queriéndome a mí matar;
y el error fue de mi suerte
felicidad inconstante,
pues por ir Fortún delante
tropezó en mi misma muerte.
No deservía vuestra alteza,
ni morir he merecido,
pero ya que deservido
se juzga de mi nobleza,
intente la muerte mía
como caballero godo;
que matarme de otro modo
o es traición o es tiranía.
Solos en el campo estamos.
Dé mi sangre al prado ameno,
máteme de bueno a bueno.
¡Saque la espada, riñamos!
Si dice que no se debe
a un soberano señor
y que el vasallo es traidor
cuando al príncipe se atreve,
a fuer de Castilla yo
renuncio el sueldo que gano;
vuélvome al solar anciano
que ilustre sangre me dio.

Desenvaine su cuchilla,
que en esta renunciación
natural soy de León,
no vasallo de Castilla.
   Si fui tan mal caballero
que ofendí a un infante a quien
era deuda servir bien
con la vida y este acero,
   no me iguale a sí, ni dé
tanto honor al pecho mío
matándome en desafío.

(Saca la espada y arrójesela.)

Rendida a sus pies esté
   esta espada. Y así digo
que, si es justa su querella,
me dé la muerte con ella,
y será justo el castigo
   que da un señor soberano
a quien servirle debía,
y excuse la alevosía
de buscar ajena mano
   que me mate, y de esta suerte,
si su alteza está injuriado,
quedará de mí vengado
y yo alegre con la muerte.

Infante   Toma, don Sancho, la espada,
y dame esos fuertes brazos,
que serán eternos lazos
de una amistad laureada.
   Por insigne, ni me ofendes,
ni tu agravio solicito,

la de Pílades imito.

(Toma su espada [don Sancho] y abrace al Infante.)

Sancho   Hacerme esclavo pretendes.

(Mirabel de peregrino ridículo.)

Mirabel   Déme, su alteza, los pies,
                 para hartarme de besar,
                 pero si tienes que andar,
                 gran señor, no me los des.

Infante   ¡Mirabel!

Mirabel   ¡Infante mío!

Infante   ¿Llega ya Argentina?

Mirabel   Di
                 si llega el Sol.

Infante   ¡Ay de mí!
                 Que amo mucho, y desconfío.

Sancho   ¿Cómo tú sin mi licencia
                 te fuiste en esta romería?

Mirabel   ¡Bueno estás por vida mía!
                 Ganas tienes de pendencia;
                 yo la pedí y me la diste.

Sancho   ¿Y esto quieres porfiar?

Mirabel	No me obligues a jurar;
	que vengo un santo. Y dijiste:
	«¡Vete, vete y no te pago!»
Sancho	¿Siempre humor, o siempre vino?
Mirabel	¿Ves aquel santo camino
	que llaman de Santiago?
(Señala al cielo.)	Juramento puedo hacer
	por sus ventas o ventillas,
	donde nos dan las cabrillas
	por el anisa comer,
	donde el signo del escorpión
	nos suelen vender a veces
	por el signo de los peces;
	que todas las ventas son
	de un modo, que así se medra.
	No hagas visajes ni espantos.
	Juro a los relinchos santos
	que da el caballo de piedra
	el que a Santiago vi
	en su famosa portada,
	que a esta romera jornada
	con licencia tuya fui.
	Por este santo bordón
	y esta santa calabaza,
	que ni pesa ni embaraza
	en esta santa estación...
Infante	¿Dístele el papel?
Mirabel	Mejor.
Infante	¿En tu poder le vería?

Mirabel	Mejor.
Infante	¿Te le pediría?
Mirabel	Mejor.
Infante	¿Luego tiene amor? Dime el suceso.
Mirabel	Y aun es mejor y más acertado. Aquí le tengo guardado para que tú se lo des.

(Saca el papel.)

Infante	¿Estás loco?
Mirabel	De tu mano lo tomará más suave, cuanto más que ella no sabe el lenguaje castellano. Otro escribe en mal francés y dásele cuando venga, y a mi cuenta.
Infante	¡Que éste tenga mal humor!
Mirabel	Si cuantas ves te enamoran, ¿qué sé yo si cuando llegue a Argentina, querrás otra peregrina?

Esto, señor me obligó
a no darle tu papel,
mas si tu amor no se ausenta
dásele tú, y a mi cuenta.

(Dale el papel.)

Infante   Más loco que Mirabel
                      es aquél que de él se fía.
                  ¿Para aquesto te envié?
                  ¿Para aquesto te mandé
                  que le sirvieses de guía?

Mirabel   En el traje de romero
                  nunca bien se alcahuetea.
                  ¡Que haya un infante que sea
                  cuantas veo tantas quiero!
                      ¡Ah, señor! ¿Y qué persona
                  por ese camino viene?
                  Belleza extranjera tiene,
                  que también es borgoñona.
                      Pues una armenia verás
                  venir de esta romería,
                  que fuera la luz del día
                  a venir un poco más
                      limpia y aliñada. Empero,
                  pues te agradan extranjeras,
                  al ver dos turcas romeras
                  te pasmaras.

Sancho   El lucero,
                  la aurora, el resplandor
                  que te suspende y admira
                  llega ya. Contempla y mira

esos caminos, señor.

Infante   A esa fuente quiere dar
con su hospedaje hermosura,
para que corra más pura,
negando tributo al mar.
    ¿Qué fuente se vio tan bella?
¿Cómo entenderá mi fe?

Mirabel   Habla en francés.

Infante   No sé.

Mirabel   Pues déjame a mí con ella.
    Intérprete y lengua soy
de tu amor, pues he aprendido
bien francés.

Infante   Di que he venido
solo por verla.

Mirabel   A eso voy.

Infante   Aquí estaré retirado,
porque su padre no vea
que estoy en aquesta aldea,
rendido y enamorado.

Mirabel   He aquí que tu amor le cuento,
y ella se va. ¿Qué tenemos?

Infante   Sepa los altos extremos
de mi amor, y estoy contento.

(Salen Argentina y su Padre.)

Padre   Pues no quieres la litera,
                           descansa un rato, Argentina,
                           a la beldad cristalina
                           de esta fuente lisonjera.

Infante   Descansar quieres por ser
                           luz de estas flores y yerbas.
                           Trae búcaros y conservas
                           por si quisiera beber.

(Vase Sancho.)

Argentina   Las plantas que a sus cristales
                           sirven de sombra y doseles,
                           y esos rústicos claveles
                           que alfombras dan naturales,
                               bien convidan al sosiego.

Infante   Llega y mi amor le dirá.

Mirabel   No sé si me entenderá,
                           porque le he de hablar en griego.

Infante   ¿Griego sabes?

Mirabel   Para ti
                           es griego hablar en francés.
                           Beso, Argentina, los pies.

Padre   Entretén un rato aquí,
                               Mirabel, a la condesa,
                           como has hecho en el camino.

(Vase el Padre.)

Mirabel   Junto al licor cristalino
de esta fuente, que no cesa,
  me pienso sentar, señora.
¿Has llegado muy cansada?
¿Cuál provincia más te agrada?

Argentina   Ésta en que estamos agora.

Mirabel   ¿Mi gallega patria no es
mejor que Castilla?

Argentina   No.

Mirabel   ¿Oyes? Dice que ya vio
que estás aquí.

(Saca un papel Argentina y lee.)

Infante   Dile, pues,
cómo es mi luz soberana.

Mirabel   ¡Oh, si oyeras mis razones!
¿Allá en Francia hay lamparones?
No los habrá, si los sana
  el Rey con su bendición.

Argentina   Virtud de las lides es.
.... [-es]
....................[-ón].

Mirabel   Si yo fuera Rey de Francia

como gallego peor
.... [-or]
.... [-ancia].
no tomara esta virtud.
¿No fuera mejor sanar
de vejez?

(Está escondido el Infante.)

Argentina   Y fuera dar
un Jordán en la salud.

Mirabel   Dice que tu voluntad
ha entendido, y dulce halago,
mas que hizo en Santiago
cien votos de castidad.

Infante   Dile que me dé licencia
para acompañarla a Francia.

Mirabel   Perdóname esta ignorancia.
Con perdón y reverencia,
    ¿qué llaman en vuestra tierra
la paz de Francia?

Argentina   Al cortés
beso del rostro.

Mirabel   ¿Eso es?
¡Nunca el cielo me dé guerra,
    monsiura!

Infante   ¿Qué responde?

Mirabel	Nones.
	Dice en francés que ya ve
	que sois para andar a pie
	enfermo de sabañones,
	y para andar a caballo
	de almorranas, que así
	os podéis quedar aquí.
Infante	¡Calla, bárbaro!
Mirabel	Ya callo.
	¿Pero cuándo mereció
	tu airada riguridad
	la suma legalidad
	con que soy tu lengua yo?
Infante	¿Con locuras me entretienes?
Argentina	¿Con quién hablas, Mirabel?
Mirabel	A un amigo cascabel,
	un poco busco de sienes.
Argentina	Mis labios están brindados
	de estas ondas de sabidas.
Mirabel	Pues bien, ¿qué quieres?
Argentina	Que pidas
	un búcaro a mis criados.
Infante	Más silencio no consiente
	mi temor; hablarla puedo.

.

Mirabel   Viene como anillo al dedo.
Ésta es copla de repente.
   Sírvele la copa, pues,
y tu dolor le dirás,
y Ganímedes serás
de este Júpiter francés.

(Argentina mirando un papel.)

Argentina   Una vez y muchas leo,
mi Ricardo, tu papel.
Que vienes, dices en él.
¡Oh, cómo verte deseo!
   ¿De mi padre recatado,
me piensas acompañar?
¿Señales me quieres dar
de que estás enamorado?
   No importa, no, mi señor.
Que como viva en mi pecho,
él está muy satisfecho
de su firmeza y amor.

(Saque Sancho un búcaro y una salvilla, y un criado con una caja, y toma el búcaro el Infante y llegue de rodillas.)

Infante   Si descorteses agravios
del camino sed os dan,
dulces y barros están
esperando que esos labios,
   coral del arco de amor,
les den, con pompa y beldad,
más púrpura y suavidad,
más néctar y más color.

Argentina	Mirabel, ¿qué es esto?
Mirabel	¿Qué? ¿No lo ves? Es un infante tan rendido y tan amante que sin qué ni para qué de beber te quiere dar.
Argentina	No esté vuestra alteza así.
Mirabel	Es muy devoto.
Infante	No vi belleza tan singular. A la admiración del día debo humildad, rendimientos, corteses atrevimientos y asomos de idolatría.
Argentina	No escucharé a su alteza si está así.

(Levántese.)

Mirabel	Arriba, señor.
Infante	Cuando el peso de mi amor a los pies de tu belleza me derriba, mal podré estar de otra suerte yo. Argentina, amor me dio tantas penas como fe.

(Sale el Padre al paño.)

Fuerza es amar si te veo,
que tu beldad peregrina
arrebata, fuerza, inclina
el alma, el gusto, el deseo.
    A rendirme fui obligado,
viendo que con luces bellas
vences, quitas, atropellas
libertad, vida, cuidado.
    ¿Te ofende mi cortesía?
Bebe sin tomar enojos,
pues dan manos, labios y ojos
gloria, favor y alegría.
    Tuyo soy, libre no quedo
cuando dan al pecho mío
discreción, belleza y brío,
esperanza, amor y miedo.

[Sale el Padre.]

Padre   Señor infante, Argentina
debe oír como prudente
a su esposo solamente
esas razones. Si inclina
    o si fuerza el albedrío
el que su esposo ha de ser,
lo ha de decir y saber.

Mirabel   Quede en este desvarío
    un chorlito, y vive Dios,
que es boba la que desea,
con dos pestañas de fea,
dos de fría y otras dos
    de qué sé yo.

Padre	En vuestra tierra no esperé descortesía. ¡Vamos, hija!
Infante (Aparte.)	(Amor porfía, y, con doméstica guerra, entre sus afectos lucha al alma. ¿Qué debo hacer? ¿Qué? ¡Resolverme y vencer!) ¡Conde Ludovico, escucha! De Argentina soy esposo; honra con su sangre gano. Manda que me dé la mano.
Padre	Eres, español, famoso. Dale la mano, Argentina.
Sancho	Señor, ¿qué haces?
Infante	¡Amar!
Sancho	¿Así se debe casar Garci Fernández?
Infante	Inclina poderosamente Amor.
Sancho	Llámala facilidad.
Infante	Rendida la voluntad, no hay defensa.
Sancho (Aparte.)	(No hay valor.)

Padre	Ea, hija, esta ventura a la ocasión maravilla. ¡Condesa sois de Castilla solo por vuestra hermosura! Dad la mano.
Argentina	Señor, advierte.
Padre	¿Qué he de advertir?
Argentina (Aparte.)	(¡Ay, Ricardo!)
Padre	¡Dásela!
Infante	Tu mano aguardo.
Argentina	Y yo el rigor de mi muerte.
Padre	No pierdas esta ocasión.
Sancho	¡Mira, infante!
Infante	No me digas, Sancho, más, porque me obligas a más priesa y afición.
Sancho	No he de consentir tu intento, vive Dios, sin que este error sepa el conde mi señor.
Infante	Villano, ¿qué atrevimiento es el vuestro?

Sancho   Conde, advierte,
que si pasas adelante
con permitir que el infante
se case, buscas tu muerte.

(Vase don Sancho.)

Argentina (Aparte.)   (Al menos busca la mía.)

Padre   Español, aunque soy viejo
y extranjero, tu consejo
digo que es descortesía.

Infante   Déjale, conde, y permite
que goce mano tan rica.

Mirabel (Aparte.)   (En otra parte le pica,
pues que no quiere el envite.)

Padre   Da la mano a quien honor
con la suya te ha de dar.

Argentina (Aparte.)   (Fuerza es morir y callar,
la fuerza vence al amor.)

(Danse las manos.)

Infante   Inmensa gloria me das.
Dichoso el tálamo sea
la sencillez de esa aldea.
(Aparte.)   (Fortuna, no quiero más.
Tenga disgusto o no el conde
si mi gusto se acomoda.)

(Vanse el Infante, Argentina y su Padre.)

Mirabel   ¡Boda «me fecit», y boda
               sin saber cómo ni dónde.

(Vase Mirabel. Sale el Conde, Violante y Blanca.)

Conde   Cese el diluvio de perlas,
               ya que el alba hermosa y fría
               se ausentó cuando quería
               o adorarlas o cogerlas.
               Todo Blanca, tiene fin;
               téngale el llanto también,
               donde en claveles le ven
               llover hojas de jazmín.
               Murió tu hermano, y tus ojos
               no corren su hermoso velo,
               persuadidos al consuelo,
               ni mansos a mis enojos.

Violante   Ya el infante desterrado,
               cuando muerto a Fortún vio,
               satisfacciones nos dio
               y venganzas nos ha dado.
               Templa, Blanca, los enojos,
               y encubrirlos no presumas,
               pues que lo dicen las plumas
               cuando lo callen los ojos.
               Ellos tristes y ellas negras,
               mal podrán disimular.

Blanca   Hay mucho que consolar.
               Señora, en vano me alegras.

(Sale Sancho.)

Sancho   Conde ilustre, a quien han dado
tributos montes y mares,
escucha nuevos pesares.
El infante se ha casado
  esta noche, que salió
oscura por la tristeza
del gran error de su alteza;
tu casa se oscureció.
  Advirtiéndole la injuria
de sangre tan ilustrada,
contra mí empuñó la espada;
los ojos armó de furia.
  Ni mis ruegos le movieron,
ni mis voces le templaron.
Mis razones le incitaron;
mis consejos le ofendieron.

Conde   Dime, ¿con quién se casó?
Aunque sé que mal ha sido,
por lo mucho que he temido
su liviandad.

Blanca (Aparte.)   (Ya llegó
la desdicha última en mí;
castigo del cielo fue,
porque la muerte intenté
de don Sancho.)

Violante   Osorio, di,
¿con quién se casó el infante?

Sancho   Con Argentina, señora.

Desde que la vio la adora;
cuando pasó fue su amante,
y cuando volvió su esposo.

Conde

¡Ah, nunca su loco error
goce el fruto de su amor
en el tálamo dichoso!
¡Nunca llegue su deseo
a ser feliz ni logrado!
¡Hágale amor desdichado
Tántalo de su himeneo!
¡Que no la goce y la mire!
¡Plegue a Dios, mozo imprudente,
que dé historias a la gente
tu casamiento, y admire
a la luz de los planetas
desde el oriente al ocaso!
¡Hagan tragedia del caso
los castellanos poetas!
Cuando el retrato te di
de Elvira, bien recelaba
que este error le amenazaba.

(Vase el Conde.)

Violante

Ya, don Sancho, te creí.

Blanca

(¡Véngueme tu ciego amor
—oh, cruel— de tu mudanza!
Ya no me queda esperanza.
Todo es desdicha y dolor.)

(Vase doña Blanca.)

Violante	¡Qué fáciles, qué inconstantes,
	sois los hombres! De esta suerte
	aman la luz y la muerte
	mariposas ignorantes.

Sancho	No todos aman su daño.
	No todos con ciego amor
	se arrojan tras un error,
	se pierden tras de un engaño.
	Unos remontan el vuelo,
	de merecimientos faltos,
	y adoran sujetos altos,
	compitiendo con el cielo.
	Otros, mereciendo más,
	le abaten. Amando así,
	no somos unos.

Violante	Pues di,
	¿en cuál de esos dos estás?
	¿Cuál extremo de esos sigues?

Sancho	Ni dudes en mi lealtad,
	ni confundas mi verdad,
	ni a más soberbia me obligues.
	Ya sabes que soy Faetón,
	que al Sol hermoso me atrevo.
	Cuando pensamientos llevo,
	o a mi misma perdición
	o al bien eterno y glorioso,
	que satisfecho pretendo,
	pues, cayendo o no cayendo,
	me pienso llamar dichoso.

Violante	Errar en cualquier extremo,

bajo o alto, no es errar.

Sancho

El que se quiere abrazar
a la luz del Sol supremo,
   un error comete honroso,
que altas cosas ha comprendido.
Tócale el ser atrevido,
no le toca el ser dichoso,
   porque eso no está en su mano.,

Violante

De espacio quiero que hablemos,
acerca de estos extremos,
al silencio oscuro y vano
   de esta noche que ha venido
alegre para el infante.

Sancho

¿Dónde he de verte, Violante?

Violante

En mi tienda.

(Vase Violante.)

Sancho

          ¿Quién ha sido
tan dichoso como yo?
....
....
.... [-ó].
   ¡Ah, noche hermosa aunque oscura,
cuando tus sombras despliegas,
¿cómo el silencio no niegas?
Infundir sueño procura
   en los hombres, si atrevida
das para el sosiego humano
el sueño, que es un tirano

de la mitad de la vida.

(Sale el Infante, de noche.)

Infante   ¿Es don Sancho?

Sancho   ¿Quién llamó?

Infante   Un infeliz.

Sancho   ¿Quién ha hablado?

Infante   Si digo que un desdichado,
                 ¿quién puede ser sino yo?

Sancho   ¿Es tu alteza?

Infante   Es mi bajeza
                 esta vez podrás decir.
                 Consejo viene a pedir
                 mi desdicha en la tristeza
                     más profunda que se vio
                 entre mortales enojos.
                 Amor me vendó los ojos.
                 Mi juventud me engañó.
                     Amé a Argentina y le di
                 la mano de esposo; y luego
                 que a nuestro humano sosiego
                 convidó la noche, fui
                     a prevenir en la aldea
                 tálamo, que tumba fue
                 de mi honor.

Sancho   Dime, ¿por qué?

Infante	¿Hay quien nos oiga o nos vea?
Sancho	No, señor. Prosigue.
Infante	En tanto que amando me prevenía de regalos y alegría, ella, a la sombra del manto que la noche desplegó sobre esos montes amenos, dada a cuidados ajenos, a mis ojos se negó. Su padre y yo no la hallamos. Busqué, llamé, voces di; temí, pensé, discurrí montes, selvas, plantas, ramos. Y en la manga de una ropa quemado topé un papel, y se colige por él que fue Júpiter de Europa un francés que la seguía, amante, que ella adoró. Argentina me ofendió. Ésta es la desdicha mía. ¿Qué he de hacer?
Sancho	¡Vamos siguiendo sus pasos! ¡Toma venganza!
Infante	Tu valor me da esperanza. ¡Males que estoy padeciendo con razón, Osorio amigo!

Sancho	¡Y mal que con maravilla es agravio de Castilla!
Infante	Ven, don Sancho.
Sancho (Aparte.)	Ya te sigo. (Esta vez perdí a Violante; nuevas sospechas la doy. Mas perdóneme si soy buen vasallo y mal amante.)

(Vanse don Sancho y el Infante. Salen Ricardo y Argentina.)

Ricardo	Coman los caballos luego, que no habemos de parar hasta Francia. Ni el amar ni el huír piden sosiego.
Argentina	Amante y agradecida seré siempre, pues viniste tan a tiempo que me diste, Ricardo, una nueva vida. Si forzada di la mano al infante, bien lo ves.
Ricardo	Argentina, no me des a entender el soberano favor que me maravilla. Bien sé tu mucho valor, pues te ha negado tu amor ser infanta de Castilla. Amaba, y tu Sol seguí. Llegué cuando te previno violante estado el destino.

Júpiter de Europa fui.
Llévote a Francia con gusto.
Dejas burlado al infante.
Seré tu esclavo y tu amante
a costa de su disgusto.
   Él, en guerras ocupado,
a Francia no ha de pasar,
y no tiene qué vengar;
solo la mano te ha dado.

(Sale Mirabel maniatado.)

Mirabel   Monsiur, ilustre madama,
                 déjenme, que no es razón
                 que afrente yo la nación
                 de más nabos y más fama.
                    ¿Es bien que llamen traidor
                 a un gallego tan honrado?
                 Hasta aquí me traen atado,
                 ¿para qué tanto rigor?

Argentina   Como me viste atrever
                 a venir con seis franceses,
                 porque no nos descubrieses
                 nos fue forzoso el traer
                    tu persona aquí.

Ricardo   Ya estás
                 con libertad de volverte.

Mirabel   Ya tragaba yo la muerte;
                 bésote los pies, y aun más.

Ricardo   Fuera de camino vamos.

Descanso tus ojos tomen,
mientras los caballos comen.
Seguros, señores, estamos;
   que seis franceses valientes
nos harán escolta y guarda.

Argentina   Nada el amor acobarda.

Ricardo   Si fatigada te sientes,
                      reposar has menester.
                   Tú, gallego, no te has de ir
                   hasta verme a mí partir.

(Vanse Argentina y Ricardo.)

Mirabel   ¿Y por medio había de ser
                      que un bubas, un mal francés,
                   en un rocín que no para,
                   vuelta a la cola la cara,
                   me trujo puesto al revés?
                      De Mirabel, ¿qué dirán
                   los lacayos castellanos?

(Salen don Sancho y el Infante acechando.)

Sancho   No son mis discursos vanos;
                   franceses son los que están
                      dando cebada, y por eso
                   se apartaron del camino
                   a esta aldea.

Infante   Bien previno
                   tu discurso este suceso.

Mirabel	Irme quisiera al real
	del conde luego, mas veo
	quien impida mi deseo.
	Franceses son por mi mal
	estos bultos, centinelas
	del latrocinio español.
	Noche oscura, pide al Sol
	que salga, o que encienda velas
	para ver por dónde voy.

(Vase Mirabel.)

Sancho	Reconoce ese aposento,
	porque yo guardar intento
	esta puerta donde estoy
	de los franceses que vienen
	en escolta de Argentina.

Infante	Mi venganza se encamina.
	Aquí están; descuido tienen.

Sancho	Mata al Paris de tu Elena,
	porque con su mano el sabio
	venga semejante agravio;
	que no es bien por mano ajena.

Infante	Famoso honor castellano,
	en tu valor me encomiendo.

(Vase el Infante.)

Sancho	Cuando acudan en oyendo
	las voces, socorro vano
	será el suyo. ¡Por mi espada

118

han de entrar para ayudallos!
¡Hasta los mismos caballos
han de pagar su jornada
con la vida, vive el cielo!

(Dentro Ricardo.)

Ricardo   ¡Traición!

Infante   ¡Mentís, Galalón,
que en vos está la traición!

Ricardo   ¡Carlos! ¡Enrique! ¡Marcelo!
¿Cómo nos dejáis así?
¿Dónde están tan descuidados?

(Salen el Infante y Ricardo.)

Infante   Velan más los agraviados.
¡Muere, cobarde!

Ricardo   ¡Ay de mí!
Que mal podré defender
a Argentina de esta suerte.

(Éntrale acuchillando.)

Infante   No perdonará la muerte
la traición de esa mujer.

(Sale Argentina, huyendo a la puerta en la que queda Sancho.)

Argentina   Huyendo podré escapar
de este riguroso trance.

¡Plega a Dios que no me alcance!

Sancho   Adentro puedes tornar.

Argentina   ¿Dónde me podré esconder?
                     Voces oigo de Ricardo.

(Vase Argentina. Salen dos criados.)

Criado   ¡Cierra, cierra!

Sancho   ¡Mientras guardo
                     la puerta, humano poder
                       no entrará dentro, villanos!
                     ¿Qué pretendéis, si prevengo
                     vuestra furia, cuando tengo
                     rayos del cielo en las manos?
                       ¡Infames, volveos adentro!

(Dentro.)

Argentina   ¡Toda falta al desdichado!

(Sale el Infante.)

Infante   ¡De los dos estoy vengado!

Sancho   Pues, agora cuanto encuentro
                       es mi venganza también.
                     ¡Morid, traidores! ¡Pagad
                     con una justa crueldad
                     vuestro delito!

(Vase don Sancho tras todos los criados.)

| Infante | ¡Hoy no ven
valor igual los mortales!
Cuanto encuentra, hiere y mata.
Una furia se desata
de los orbes celestiales. |

(Sale Mirabel metido en una silla y Sancho tras él.)

| Sancho | ¡Muere, quienquiera que seas,
amparado de esa silla! |

| Mirabel | Don Sancho, honor de Castilla,
¿con los amigos peleas?
Tu Mirabel soy, a fe. |

| Sancho | Ni me mientas ni te humilles. |

| Mirabel | ¡Señor, no me desensilles,
porque sudo, y me aguaré! |

| Sancho | ¡Muera! |

| Mirabel | ¿Nada me aprovecha?
¡Mirabel soy, vive Cristo!
¿Cuándo gallego se ha visto
que haga una cosa mal hecha?
Para que no te avisase,
maniatado me han traído.
Ni pequé ni he consentido.
¡Miserere! |

| Infante | Sancho, pase
esta vez por disculpado. |

Mirabel	No hay en gallegos malicias.
Infante	Dale la vida en albricias de que vengo ya vengado.

(Vanse todos. Salen el Conde, Mendo, Violante y Blanca.)

Mendo	¡Toquen al arma! Ordena la batalla, conde famoso, que los moros vienen, talando campos y robando aldeas. Viste tu pecho de invencible malla, si renombre deseas. Los cielos te previenen el trance más cruel y riguroso. En escuadrón copioso, como nunca se vio en tu noble tierra, te prometen la guerra.
Conde	¡Toquen a recoger, y en la campaña luzcan las armas de la ilustre España! Tú, gallarda Violante, o a Burgos te retira o a la batalla mira desde este monte, que remata a Atlante.
Violante	Si sangre tuya tengo, el corazón magnánimo prevengo para ser tu soldado. No tengo de apartarme de tu lado.
Blanca	Y yo quiero la muerte, para acabar mi desdichada suerte.

Conde	Consuela tu tristeza;
	no des eclipse eterno a la belleza.
	A Sancho Osorio llamen.
Mendo	Está ausente.
	Con el infante está.
Conde	Lleve en mi gente
	con Beltrán la vanguardia;
	yo iré en la retaguardia.
	El cuerpo del ejército debía
	gobernar el infante, mas no debe
	su nombre repetir la lengua mía;
	Fernán Ruiz lo lleve.
	Y espero en el patrón de nuestra España,
	de ver morisca sangre en la campaña
	formando rojos ríos.
	¡A fuerza del valor, soldados míos!
Mendo	A treinta mil excede
	el número que traen.
Conde	Santiago puede
	más números vencer. En esa ermita,
	que a Monserrate imita
	y en las ásperas peñas se divisa,
	diga el obispo misa
	y a Dios nos encomiende;
	que el moro no me espanta ni me ofende.

(Sale Sancho, con rodela y banda al rostro.)

Sancho	Dos soldados, señor, casi a la posta
	venimos a la fama

que por esas campañas se derrama.

Conde   Y el otro, ¿dónde está?
¿Quién es?

Sancho   No quiere hasta dar la victoria
besar tu mano.

Conde   Afliges mi memoria.
Será Garci Fernández. ¡Qué ignorancia!
¡Camine, vaya a Francia!
¡Llévese a su mujer, no esté en mi tierra!

Sancho   Cuando acabes la guerra,
sabrás que libre está y mujer no tiene.

Conde   ¿Qué dices?

Sancho   Que es suceso
que pide más espacio.

Conde   Bueno es eso.

Blanca (Aparte.)   (Si libre está del matrimonio agora,
mi suerte, o mi esperanza, se mejora.)

Conde   Prevéngase el ejército y no estemos
un punto descuidados.
¡Toquen a recogerse mis soldados!

(Tocan cajas, y vanse el Conde y doña Blanca.)

Sancho   ¿Das licencia, señora,
que me ponga tu banda en la batalla?

Violante	Sí, doy.

(Vase doña Violante.)

Sancho	¡Dichoso el hombre que te adora!
	Pues suelto he de servir de aventurero,
	en tanto que se forman escuadrones,
	en esta hermita quiero
	cumplir con mis antiguas devociones
	oyendo misa, y luego
	al moro esperaré con más sosiego.
	Tiempo tengo sin duda;
	que aun la hueste morisca no ha llegado.

(Va subiendo por la escalera del monte, hasta el primer alto, donde estará una puerta, en la misma parte donde se fingió el castillo, y se quedará en la puerta de rodillas con su rosario, y la rodela a las espaldas.)

> No faltará mi ayuda,
> sirviendo como noble y buen soldado;
> que desde aquí veré cuando acometa,
> y, bajando cual rayo o cual cometa,
> al moro embestiré. A tiempo he llegado;
> que la misa el obispo no ha empezado
> y ya vestido espera.
> Oír la misa entera
> al cielo prometí. Desde este puesto
> miro el altar y miro la campaña,
> donde se abrevia ya la flor de España.

(Sale el Infante.)

Infante	No quiero, no, que me vea

el gran conde de Castilla
hasta dar en la batalla
o la victoria o la vida.
Borrar pienso sus enojos
hoy con la sangre morisca,
si las luces del vivir
no se turban o se eclipsan.
Mendo amigo, tú y don Sancho
iréis en mi compañía,
acometiendo a los moros
que a España nos tiranizan.
Llevando al lado a don Sancho,
no recelaré que embistan
los africanos leones
que vienen, montes de Libia.

Mendo   Pienso, señor, que ya asoman
las huestes bárbaras. Mira
entre aquellos dos collados,
donde el cielo se termina,
tremolar lanzas de plata,
y, temblando plumas rizas,
a los reflejos del Sol
formar aves de Fenicia.

Infante   Haces ordenadas son,
y a pasos largos caminan
presentándonos batalla.
Ya nuestro ejército avisa,
tocando al arma.

(Tocan al arma.)

Infante   ¡Ah, don Sancho!

¿Dónde estás?

(Sale un Ángel, con rodela y banda, como Sancho.)

Ángel   Aquí.

Infante   ¿Podía
faltar aquí tu valor?

Ángel   Infante, aunque maravillan
esas huestes africanas
en el número y milicia,
¡confianza en Dios y embiste!
Porque he de ser este día
a tu lado asombro humano
de esta nación fugitiva.

Infante   Amigo don Sancho Osorio,
tu valiente voz incita
al arma. ¡Cierra Santiago!

(Vase el Infante.)

Ángel   Oíd, Sancho Osorio, misa;
que yo pelearé por vos,
porque a devoción tan pía
corresponde Dios así.

(Vase el Ángel.)

Sancho   ¡Ay de mí! ¡Con cuánta prisa
el enemigo acomete!
Su vanguardia se avecina
y la misa va de espacio.

¿Qué he de hacer porque no digan
que en el trance riguroso
ha temblado mi cuchilla?
Si la misa dejo, pierde
el ánimo y la alegría
de mi pecho. ¿Qué valor
tendré para que resista
esta morisca nación?
Pues quedarme les obliga
a decir, como otra vez,
que cuando me desafían
o se dan batallas, duermo.
A ser yo bueno, podía,
cual otro Moisés, orando
pelear, pero en mi vida
tuve virtud si no es ésta
de oír misa cada día.
Divertido me ha mirado
la campaña; y, divertida
el alma, ni misa veo
ni peleo. ¿Si sería
posible no echarme menos?
Si será, porque la grima,
la confusión, polvo, muertes
la atención humana quitan.
Dios los ayude; que yo,
con la fe más recogida
al altar quiero atender
mientras durare la misa.

(Tocan al arma. Salen peleando moros y cristianos, y pasan; y luego el Ángel,
entre todos los moros, y el Infante detrás.)

Infante   ¡Ea, famoso don Sancho!

Los moros van de vencida.
Con tu valor solamente,
hoy tu renombre eternizas.

Ángel   ¡Síguese, Infante! ¡No temas!

Infante   ¿Cómo ha de haber cobardía
en mi pecho y a tu lado?

Ángel   ¡África tema a Castilla!

(Si pareciere que, entrándose el Infante, el Ángel se vuele en una apariencia,
será bueno.)

Sancho   De cuando en cuando los ojos
se me van a la milicia.
¡Vive Dios, que van venciendo
los cristianos! ¡Qué reñida,
qué sangrienta es la batalla!
¡Ay, obispo! Bien podías
decir misa más aprisa,
mas está contemplativa
y devota tu alma. ¡Agora
en ocasión tan precisa!

(Dentro.)

Voces   ¡Victoria, victoria!

Sancho   ¡Ay, cielos!
Ya la victoria publican
los castellanos, y yo
en confusas agonías
siento el honor y la fama.

129

¡Y por Dios! Que a una hora misma
batalla y misa acabaron.
Ya no ha de haber en qué sirva
mi espada. Los moros huyen,
los nuestros regocijan.
Yo corrido y temeroso
no sé qué haga ni diga.

(Dentro «¡Victoria, victoria!». Salen todos menos el Conde.)

Infante

No se ha alcanzado victoria
tan breve después que lidian
españoles y africanos.

Violante

Apenas la determina
el discurso. ¿Un hombre solo
puede tanto?

Infante

No repitan
las historias más el nombre
de César, que en este día
Sancho Osorio le aventaja.

(Sale el Conde.)

Conde

¿Dónde está la fuerza altiva
del mismo Júpiter? ¿Dónde
está Osorio, el que vencidas
deja bárbaras naciones?

Mendo

Si no me engaña la vista,
por ese monte desciende.

Conde

Habrá subido a la ermita

a dar las gracias al cielo.

(Baja Sancho.)

Sancho (Aparte.) (Ya me han visto, ya me miran
con atención y cuidado.
¡Qué rigurosa desdicha!)

Conde ¡Desciende, Osorio, que esperan
el laurel y las insignias
de triunfador esa frente,
para que siempre la ciñan.

Sancho (Aparte.) (¡Ay, cielo! No se encubrió
mi ausencia; el conde porfía
con su burla a darme afrentas.)

Violante ¡Baja, blasón de Castilla!
¡Vencedor de África, llega
a que te aclamen y digan
el español Cipión!

Sancho (Aparte.) (Todo es burla, todo es risa,
cuanto escucho y cuanto veo.
¡Perdí a Violante!)

Infante ¿Qué albricias
podré darte, Sancho amigo?

Sancho (Aparte.) (Todos burlando porfían.
No hay disculpa que convenga.)

Mirabel ¡Cuerpo de Dios! Si te brindan
estos señores con honras,

haz la razón y camina!

Sancho (Aparte.)   (No burlara, Mirabel.
¿Si hay en esto maravilla
o algún secreto del cielo?)

Conde   ¿De qué suspenso te admiras?
¿De qué callas?

Sancho (Aparte.)   (He notado
que están mis armas teñidas
de sangre y en la rodela
mil cuchilladas se miran.
Quiero alentarme y llegar,
pues disculpa conocida
tengo en aquesta ocasión.)

(Acaba de descender.)

Conde   Dame los brazos que imitan
a los rayos que abortó
la nieve cándida y fría.
El laurel que puedo darte
es, Sancho Osorio, mi hija.
Honrarme quiero contigo,
pues honras das a Castilla.
Dale la mano, Violante.

Sancho (Aparte.)   (¿Hay afrenta cual la mía?)
Conde, escucha.

Violante   Él no me quiere.
Bárbaro, ¿por qué replicas?

Conde	Dale la mano, don Sancho.
Violante	Tuya soy.

(Danse las manos.)

Sancho (Aparte.)	(¡Violante es mía! ¡Vive Dios y no lo creo!)
Violante	Ya vimos tu bizarría en la batalla, don Sancho.
Sancho (Aparte.)	(¿Qué es esto? A creer me obligan que Dios volvió por mi honra.)
Infante	Si está templada la ira, dame tu mano, señor.
Sancho	Y don Sancho te suplica que le perdones y des ya tus brazos.
Conde	¿Argentina no está viva?
Infante	No, señor; después sabrás su desdicha.

(Híncase de rodillas el Infante.)

Conde	Levanta, pues.
Sancho	Y aquí tenga lo que puede el oír misa

su ejemplo, según lo cuentan
las historias de Castilla.

Fin de la comedia

Libros a la carta

A la carta es un servicio especializado para

empresas,

librerías,

bibliotecas,

editoriales

y centros de enseñanza;

y permite confeccionar libros que, por su formato y concepción, sirven a los propósitos más específicos de estas instituciones.

Las empresas nos encargan ediciones personalizadas para marketing editorial o para regalos institucionales. Y los interesados solicitan, a título personal, ediciones antiguas, o no disponibles en el mercado; y las acompañan con notas y comentarios críticos.

Las ediciones tienen como apoyo un libro de estilo con todo tipo de referencias sobre los criterios de tratamiento tipográfico aplicados a nuestros libros que puede ser consultado en Linkgua-ediciones.com.

Linkgua edita por encargo diferentes versiones de una misma obra con distintos tratamientos ortotipográficos (actualizaciones de carácter divulgativo de un clásico, o versiones estrictamente fieles a la edición original de referencia). Este servicio de ediciones a la carta le permitirá, si usted se dedica a la enseñanza, tener una forma de hacer pública su interpretación de un texto y, sobre una versión digitalizada «base», usted podrá introducir interpretaciones del texto fuente. Es un tópico que los profesores denuncien en clase los desmanes de una edición, o vayan comentando errores de interpretación de un texto y esta es una solución útil a esa necesidad del mundo académico.

Asimismo publicamos de manera sistemática, en un mismo catálogo, tesis doctorales y actas de congresos académicos, que son distribuidas a través de nuestra Web.

El servicio de «libros a la carta» funciona de dos formas.

1. Tenemos un fondo de libros digitalizados que usted puede personalizar en tiradas de al menos cinco ejemplares. Estas personalizaciones pueden ser de todo tipo: añadir notas de clase para uso de un grupo de estudiantes, introducir logos corporativos para uso con fines de marketing empresarial, etc. etc.

2. Buscamos libros descatalogados de otras editoriales y los reeditamos en tiradas cortas a petición de un cliente.

www.ingramcontent.com/pod-product-compliance
Lightning Source LLC
Chambersburg PA
CBHW051731040426
42447CB00008B/1070